2015

BundesAbitur

W0390783

Deutsch

Länderübergreifende
Abitur-Aufgabe

STARK

Bildnachweis
S. 14: Cartoon von Uli Stein; Catprint Media GmbH
S. 21: © Adam Radosavljevic – Fotolia.com
S. 34: © Succession Picasso/VG Bild-Kunst, Bonn 2014
S. 44: picture alliance/dpa
S. 58: © Tobias Schülert
S. 82: © Carlos Santa Maria – Fotolia.com
S. 90 : Der Spiegel
S. 99: picture alliance/Bildagentur Huber
S. 110: © Kirstin Marshall/Chris Pirillo
S. 138: Malte Jonas Klingenhäger, www.kulturkater.de
S. 154: picture alliance/Marc Tirl

ISBN 978-3-8490-0949-6

2. neu bearbeitete Auflage
www.stark-verlag.de

Inhalt

Länderübergreifende Abituraufgabe 2015 (LÜA) 1

1 Grundlagen 1

2 Erläuterung der Aufgabenstellung 2

3 Tipps für das Bearbeiten der Aufgabe 7

Themenfeld „Literatur/Lesen“ 11

Einführungstext 13

Aufgabe 1: Textanalyse und Erörterung
Elisabeth Gessner: *Lesekultur in der Schule – geht das überhaupt?* 17

Aufgabe 2: Textanalyse und Kommentar
Ulrich Greiner: *Mythos: Macht Lesen glücklich? Über einen verbreiteten Irrtum* 33

Aufgabe 3: Textanalyse und Erörterung
Hannelore Schlaffer: *Setz einen Frosch auf einen Stuhl* 41

Themenfeld „Sprache“ 51

Einführungstext 53

Aufgabe 4: Textanalyse und Erörterung
Ageliki Ikonomidis: *Der denglische Patient* 59

Aufgabe 5: Textanalyse und Erörterung
Klaus Lüber: *Kanak Sprak* 80

Aufgabe 6: Textanalyse und Leserbrief
Tanja Dückers: *Mal ein Lungenbrötchen reinziehen* 90

Bei diesen Aufgaben werden Sie Schritt für Schritt zur Lösung geführt.

Themenfeld „Medien“ 99
Einführungstext 101
Aufgabe 7: Textanalyse und Erörterung
Markus Beckedahl: *Argumentiert, pöbelt nicht herum!* 111
Aufgabe 8: Textanalyse und Erörterung
Thomas Assheuer: *Tod des Autors* 138
Aufgabe 9: Textanalyse und Kommentar
Kathrin Passig: *Dank E-Books lese ich mehr und kaufe weniger* 151

Autorinnen

Dr. Susanne Holmes: Themenfeld „Medien“
Lucie Küppers: Einführung „Lesen“, Aufgabe 1, 2.1, 3
Ute Mattheus: Aufgabe 5
Marlene Stahl-Busch: Vorspann, Einführung „Sprache“, Aufgabe 4, 6

Vorwort

Liebe Schülerinnen und Schüler,

im **April 2015** legen acht Bundesländer (Schleswig-Holstein, Hamburg, Mecklenburg-Vorpommern, Bremen, Niedersachsen, Brandenburg, Sachsen, Bayern) den Abiturienten bei der schriftlichen Abiturprüfung im Fach Deutsch eine **länderübergreifende Aufgabe** vor. Dieser Band will Sie optimal auf die Anforderungen dieser Aufgabe vorbereiten.

Eine kurze Einführung informiert Sie über die **Besonderheiten der Prüfung** und bietet Ihnen **wichtige Hinweise** sowie einen **Arbeitsplan** zu den relevanten Aufgabenarten „Textanalyse und Texterörterung zu pragmatischen Texten" bzw. „adressatenbezogenes Schreiben".

Die drei geltenden Themenbereiche Lesen/Literatur, Sprache und Medien werden Ihnen in Einführungstexten vorgestellt. Zu jedem Bereich finden Sie drei **Übungsaufgaben mit ausführlichen Lösungsvorschlägen**. In einzelnen Übungsaufgaben wird Ihnen **schrittweise** demonstriert, wie Sie bei der Bearbeitung vorgehen und zu einem schlüssigen Ergebnis gelangen können. Alle Aufgaben dienen dazu, Ihr Wissen zu den drei Themen zu vertiefen bzw. Ihre methodische Kompetenz zu trainieren.

Wir wünschen Ihnen eine effektive Abiturvorbereitung und eine erfolgreiche Abiturprüfung!

Die Autorinnen und der Verlag

Grundlagen

Die Kultusminister-Konferenz (KMK) verfolgt schon seit einigen Jahren das Ziel, unter den Bedingungen föderaler Schul- und Bildungspolitik die **Gleichwertigkeit der Abiturprüfungen** zu fördern. Den Anstoß gab im übergeordneten politischen Rahmen der mit den Maastrichter Verträgen eingeleitete Harmonisierungsprozess bezogen auf die Bildungsabschlüsse in der EU (Bologna-Prozess). Aber auch eine innerdeutsche Diskussion hat diese Entwicklung vorangetrieben. Vor ca. 10 Jahren legten die ersten PISA-Ergebnisse unerwartet große Unterschiede der Schulleistungen in den verschiedenen Bundesländern offen und insgesamt eine wenig erfreuliche Positionierung der deutschen Schulen im internationalen Vergleich.

Dieser Befund führte dazu, dass die Bildungspolitiker aller Parteien von Seiten der Verbände und vieler gesellschaftlicher Gruppen offen oder versteckt dazu aufgerufen wurden, Abhilfe zu schaffen. Große Unterschiede zwischen den Bundesländern in der Vermittlung von Kenntnissen und dem Aufbau von fachlichen Kompetenzen führten in aller Regel zu erheblichen Schwierigkeiten für diejenigen Schülerinnen und Schüler, die mit ihrer Familie aus wirtschaftlichen und beruflichen Gründen den Wohnort wechseln und in einem anderen Bundesland den Anschluss suchen müssen. Eine besonders sensible Größe stellt dabei die Allgemeine Hochschulreifeprüfung dar. Über das Abiturzeugnis wird der Zugang zu Studienplätzen und Ausbildungsstellen eröffnet – nicht nur in den NC-Fächern. Die Gleichwertigkeit der mit den Zeugnissen bescheinigten Kompetenzen muss folglich hergestellt werden, damit Chancengerechtigkeit gewahrt bleibt und fachliche Voraussetzungen für gestufte Bildungsgänge gesichert werden.

Um dieses Bemühen um eine zunehmende Vereinheitlichung der Abschlussprüfungen – und in der Konsequenz des vorangehenden Unterrichts in der gymnasialen Oberstufe – zu unterstützen, stellen mittlerweile **acht Bundesländer** (Bayern, Brandenburg, Bremen, Hamburg, Niedersachsen, Mecklenburg-Vorpommern, Sachsen, Schleswig-Holstein) in den Kernfächern Deutsch, Mathematik und Englisch eine **gemeinsame Abiturprüfungsaufgabe**. Diese gemeinsame Aufgabe tritt entweder als vollständige Aufgabe neben die landeseigenen oder wird als ein Aufgabenteil in eine der landeseigenen Aufgaben integriert.

Für das Fach Deutsch wird den Abiturienten zusätzlich zu den landeseigenen Aufgaben eine Aufgabe des Typs **„Textanalyse und Texterörterung zu pragmatischen Texten“** vorgelegt.

Die Aufgabe wird sich auf eines der folgenden **drei Themenfelder** beziehen:

- **Literatur/Lesen** (Leseprozesse, Funktion von Literatur, persönliche Leseerfahrung)
- **Sprache** (aktuelle Entwicklungen der deutschen Sprache: Sprachnormen, Sprachwandel, Sprachvarietäten)
- **Medien** (Medienbegriff, Medienwandel, Medienkritik, mediales Handeln)

In der Abiturprüfung des **Jahres 2015** gibt es eine **Alternative in der Aufgabenstellung:** Als **erste Teilaufgabe** wird immer eine **Textanalyse** verlangt. In der **zweiten Teilaufgabe** muss sich jeder Prüfling entscheiden, ob er eine traditionelle **Texterörterung** zum jeweiligen thematischen Schwerpunkt **oder** ein **journalistisches argumentierendes Format** (z. B. Kommentar oder Leserbrief) verfassen möchte.

Darüber hinaus ist festgelegt worden, dass bei der Bewertung und Gewichtung folgende Vorgabe gelten soll: Die **Textanalyse** (zugeordnet den Anforderungsbereichen I–III mit Schwerpunkt im AFB II) wird mit **40 %**, die **Texterörterung bzw. Kommentar oder Leserbrief** (zugeordnet den Anforderungsbereichen I–III mit Schwerpunkt im AFB II und III) mit **60 %** in die Notenfindung eingehen.

Diese länderübergreifende Abituraufgabe wird ausschließlich den Prüflingen in den Leistungskursen bzw. Kursen auf erhöhtem Anforderungsniveau gestellt.

Erläuterung der Aufgabenstellung

Aufgabe 1: Textanalyse

Der Operator **„Analysieren Sie …“** ist schwerpunktmäßig dem Anforderungsbereich II zugeordnet. Über die inhaltliche Erfassung des Textes hinaus sollen Sie einzelne Textaussagen, den Sinngehalt bzw. die Problemstellung ermitteln und darstellen. Dabei müssen Sie Beobachtungen zu den Besonderheiten der formalen und sprachlichen Gestaltung, die die Aussagen des Textes unterstützen, ebenfalls herausarbeiten und in ihrer Funktion und Bedeutung für die Wirkung des Textes benennen. Mit den Ausführungen zum letztgenannten Aspekt reicht die Lösung bereits in den Anforderungsbereich III hinein. Die geforderte Analyse dient vor allem dem Nachweis Ihres Textverständnisses, wobei Sie durch die Verknüpfung von Inhalts- und Gestaltungselementen ein tieferes Verständnis der Position und Argumentation des Autors gewinnen, als dies bei einer reinen Inhaltsangabe der Fall wäre.

Aufgabe 2, Variante 1: Texterörterung

Die Texterörterung ist eine Schreibform, die eine **argumentative Auseinandersetzung mit den Aussagen eines gegebenen Textes** fordert. Dabei bietet jeder Text in unterschiedlicher Weise Zugänge zu einer kritischen Auseinandersetzung. Es stellt eine Herausforderung dar, in der Vorbereitungsphase die Anknüpfungsmöglichkeiten des Textes zu erschließen und auf der Basis der Vorüberlegungen einen konsistenten Schreibplan zu erstellen. Aufgrund der geforderten Eigenständigkeit, die Sie bei der Findung der inhaltlichen Schwerpunkte und der Gestaltung des Aufbaus zeigen müssen, wird die zweite Teilaufgabe in die Anforderungsbereiche II und III eingeordnet.

Mögliche Ebenen der kritischen Auseinandersetzung mit dem Text:

- Welche Position bezieht der Autor/die Autorin? Lassen seine/ihre Behauptungen und Thesen vollständige oder teilweise Zustimmung bzw. Ablehnung erkennen?
- Was ist die Aussageabsicht des Autors/der Autorin? Wurde die erkennbare bzw. erschließbare Intention zielführend umgesetzt?
- Ist die sprachlich-stilistische Darbietung unter dem Aspekt der kommunikativen Funktion und der Wirkung auf den Leser angemessen?
- Wie stehen Sie selbst zu der angesprochenen Thematik, dem aufgezeigten Problem? Hier müssen Sie eigenes Wissen und eigene Sichtweisen (ggf. über den im vorgegebenen Text skizzierten Rahmen hinaus) begründet darlegen, soweit diese geeignet sind, ein neues Licht auf die vom Autor vertretenen Standpunkte zu werfen.

Aufgabe 2, Variante 2: adressatenbezogenes Schreiben

Unter Bezugnahme auf journalistische Textsorten – wie den **Kommentar** oder den **Leserbrief** – wird beim adressatenbezogenen Schreiben der subjektiven Textgestaltung mehr Raum gegeben als in der klassischen Texterörterung. Dennoch bleibt auch bei einem Kommentar oder einem Leserbrief die sachlich-argumentierende Herangehensweise gefordert.

In der Konzeption meinungsbildender journalistischer Texte sind neben der Stringenz in der Gedankenführung folgende Aspekte wichtig:

- klare, pointierte Darstellung der eigenen Position,
- eine sprachlich-stilistische Gestaltung, die dem Profil der Zeitung entspricht, in dem der Kommentar/Leserbrief erscheinen soll,
- ein deutlicher Adressatenbezug.

Im Folgenden werden die Besonderheiten einzelner Textsorten aufgelistet:

KOMMENTAR

Grundsätzlich stellt der Kommentar eine argumentierende Auseinandersetzung mit der im Ausgangstext angesprochenen Thematik dar. Ebenso wie bei der klassischen Texterörterung geht es darum, mit eigenem Wissen und von einem eigenen Standpunkt aus die Position des Autors kommentierend zu bewerten. Insofern gelten alle Hinweise, die zum Aufbau der Argumentation in einer Texterörterung gegeben werden, auch in diesem Zusammenhang. Ein bekannter Journalist, Peter Linden, verweist in einer Erläuterung der Textsorte „Kommentar" auf die „Kamera-Methode": Der Kommentator müsse Abstand zum Thema haben und sich wie mit einer Kamera darüber erheben – mit dem Ziel, die Bedeutung des Themas und die größeren Zusammenhänge aus der Vogelperspektive zu erkennen.

Inhaltlich rückt das Thematische insofern noch stärker in den Vordergrund, da es dem Kommentierenden erlaubt ist, die vom Autor vertretene Meinung in einen größeren, vom Autor unter Umständen gar nicht angesprochenen Zusammenhang zu stellen und weitergehende oder auch provokante bzw. die Sache zuspitzende Positionen einzunehmen.

Methodisch ist eine Differenz in der Zitier- und Belegtechnik festzustellen. Im Unterschied zur klassischen Texterörterung werden – im Sinne einer angenehmen Lesbarkeit des Textes – keine Zeilenangaben eingefügt. Wenige zentrale, ausgewählte Zitate sind jedoch einzubinden. Die Wiedergabe der Argumentationen, auf die der Kommentar reagiert, muss knapp, präzise und in indirekter Rede in die Darstellung der eigenen Überlegungen integriert werden. Der Kommentar kann – ebenso wie die Erörterung – hinsichtlich der eigenen Positionierung unterschiedlich aufgebaut sein und Zustimmung wie Ablehnung mit allen Zwischentönen darstellen; immer aber muss ein klarer Argumentationsgang erkennbar sein.

Sprachlich erfordert ein Kommentar als meinungsbildender journalistischer Text eine Gestaltung, die die eigenen Überzeugungen anschaulich, authentisch und lebendig vorträgt und damit deutlich macht, dass der Leser erreicht und überzeugt werden soll. Überlegungen zu geeigneten rhetorischen Mitteln und zur anzustrebenden Stilebene sind unabdingbar. Ein Kommentar kann sachlich-nüchtern, ironisch, auch in Ansätzen polemisch sein – je nach Thema und eigenem Temperament. Dabei muss der Bezug zum Adressaten genau bedacht sein. Jede Zeitung und jede Zeitschrift spricht ein bestimmtes Publikum an. Dieses kann als gebildet und informiert, eher an Unterhaltung als an Information interessiert usw. eingeschätzt werden. Auf der Grundlage dieser Beurteilungen des Leserprofils fallen die Entscheidungen zu Stil und rhetorischer Gestaltung.

Kommentare werden nicht aus der Ich-Perspektive geschrieben. Der meist auf der dritten oder vierten Seite einer überregionalen Tageszeitung herausgehoben platzierte Kommentar wird in der Regel von renommierten Journalisten der jeweiligen Zeitung verfasst, nur selten kommen „Gastkommentatoren" zu Wort. In eine solche Rolle als Gastkommentator sollen Sie bei einer entsprechenden Aufgabenstellung der Prüfung schlüpfen.

Mit der **Überschrift**, die gut überlegt sein will, beginnt bereits das Buhlen um das Lesepublikum: Sie soll Interesse wecken und zum Lesen animieren.

LESERBRIEF

Grundsätzlich gehört der Leserbrief im weiteren Sinne zu den journalistischen Formaten, die heute unter dem Oberbegriff „Bürgerjournalismus" erfasst werden. Mit dem Siegeszug der elektronischen Kommunikation wird diese traditionelle Form zunehmend auf den Online-Portalen der Zeitungen durch Leser-Kommentare abgelöst, die meist nur knappe, spontane Reaktionen darstellen, manchmal jedoch auch eine argumentative Auseinandersetzung bieten.
Mit einem Leserbrief wendet sich ein Leser oder eine Leserin einer Zeitung bzw. Zeitschrift an die Redaktion, um eine persönliche Stellungnahme (positiv oder negativ) zu einem Artikel des Publikationsorgans veröffentlichen zu lassen. Es ist auch möglich, auf einen anderen Leserbrief zu reagieren oder ein Thema anzuschneiden, dass von der Redaktion nur am Rande oder gar nicht bearbeitet wurde. Im schulischen Zusammenhang wird jedoch die klassische Situation (Reaktion auf einen Zeitungsartikel oder einen Kommentar) angesteuert. Leserbriefe gehören von ihrer Zielsetzung her zu den argumentierenden und meinungsbildenden Texten. Die Redaktion entscheidet über die Veröffentlichung von Leserzuschriften und behält sich Kürzungen vor; anonyme Leserbriefe werden nicht berücksichtigt.

Inhaltlich stellt der Leserbrief eine besondere Form der Erörterung bei klar abgestecktem Kontext dar. Das Publikationsorgan, in dem der Ausgangstext erschienen ist, mit seinem soziologisch zu bestimmenden Lesepublikum definiert den Adressatenkreis. Die Kennzeichnung des Textes mit Namen und Adresse (letzteres nur für die Redaktion) verdeutlicht bereits die persönliche und subjektive Positionierung des Briefschreibers.

Erwartet wird ein markanter, erkennbarer Standpunkt zur angeschnittenen Thematik, der auf der Analyse und Bewertung von Gegenargumenten aufbaut, um den Leser von der eigenen Meinung zu überzeugen. Gleichwohl dürfen Ton und sprachlicher Stil, in dem man auf einen Text reagiert, nicht beleidigend oder unsachlich ausfallen. Allerdings können Informationen über den Autor (Beruf etc.) des Textes benutzt werden, um einzelne Argumente zu schärfen.

Methodisch ist wie beim Kommentar die Zitier- und Belegpflicht zurückgenommen. Im Vordergrund steht die gute Lesbarkeit des Textes. Im Einstieg muss benannt werden, auf welchen Artikel (Titel, Autor, Erscheinungsdatum) sich der Leserbrief bezieht. Die Positionen und zentralen Argumente des Autors müssen gleich zu Beginn dargelegt werden, damit die Leserschaft eine klare Orientierung erhält. Es ist zielführend, diese knappe Wiedergabe auf diejenigen zentralen Punkte zu verdichten, die den eigenen Widerspruch oder die begründete Zustimmung hervorgerufen haben. Zitate sind dabei sparsam einzusetzen, die sprachliche Distanz muss deutlich machen, dass es sich um die Wiedergabe einer anderen Meinung handelt. Ein Leserbrief bezieht sich auf Inhalt wie Form des Bezugstextes. Eine formelle Schlussformel ist nicht zwingend nötig, aber ein abruptes Ende des Gedankengangs wirkt negativ. Insofern sollte der letzte Satz einen thematisch abschließenden Charakter haben.

Sprachlich erfordert der Leserbrief ebenso wie der Kommentar eine Gestaltung, die die Leser anspricht. Der Einstieg sollte Interesse wecken – entweder durch einen persönlichen Zugang zum Thema oder durch eine provozierende, zuspitzende Formulierung der Thematik. Rhetorische Mittel der Leseransprache (rhetorische Fragen, persuasive Techniken, Appell an vorausgesetzte gemeinsame Erfahrungswerte usw.) sollten eingesetzt werden. Hinsichtlich des Gebrauchs von Fremd- und Fachwörtern muss der Adressatenkreis bedacht werden. Wenn die Leser einer mittleren oder gehobenen Bildungsschicht zuzurechnen sind, sollten umgangssprachliche Formulierungen unterbleiben und eher Wortspiele das Gemeinte verdeutlichen. Im Stil kann je nach eigenem Temperament mit Ironie oder auch einzelnen polemischen Sentenzen gearbeitet werden. Der Leserbrief wird in der Ich-Form verfasst. Auch bei dieser Textsorte erhöht eine eingängige Überschrift die Aufmerksamkeit des Lesers.

Tipps für das Bearbeiten der Aufgabe

Arbeitsplan zur textgebundenen Erörterung

Die folgende Tabelle zeigt Ihnen, wie Sie an die Prüfungsaufgabe herangehen sollten. Neben den einzelnen erforderlichen Arbeitsschritten nennt sie besondere Anforderungen, die Sie beachten sollten.

I. Vorarbeiten

Arbeitsschritte	Besondere Anforderungen
1. Klärung der Aufgabenstellung	
• Die Aufgabenstellung **befragen:** Was genau soll erörtert werden: das Thema, die Position des Autors, gibt es eine konkretisierende Eingrenzung des Themas? • **Wiederholen** und ggf. kurz **auflisten:** Welche Anforderungen sind mit den Operatoren „analysieren" und „erörtern" verbunden? • **Wahrnehmen:** die genannte Aufgabengewichtung (40 % Textanalyse, 60 % Texterörterung) bei der Erstellung eines Zeitplanes berücksichtigen	• **Überprüfen:** Welche Aspekte, die bei den ersten Überlegungen zu Umfang und Gestaltung des Themas aufblitzen, stehen nicht im Zentrum und sollten keine relevante Arbeitszeit beanspruchen?
2. Erschließung des Textes: vorbereitende Textanalyse	
• **Vorwissen** zu Text, Thema, Textsorte, evtl. Autor/in **aktivieren** • den Text mehrfach **lesen**, Schlüsselbegriffe **markieren**, Thesen, Argumente, Beispiele, Belege bzw. Erläuterungen entweder verschiedenfarbig markieren oder Stichworte am Rand notieren • Sinnabschnitte zur Strukturierung des Textes **ermitteln**, durch Abtrennungsstriche **kennzeichnen** • erste Analyseergebnisse **prüfen** und ggf. in einem Verlaufsdiagramm als erste Skizze **strukturiert festhalten** • auf die für den Text charakteristischen sprachlichen Mittel achten, diese **markieren** und **benennen** • alle spontanen Einfälle zur Auseinandersetzung mit dem Text notieren	• Überschrift **beachten** bei der Auslotung des Themas • Textsorte bewusst wahrnehmen und **überlegen**, welche Besonderheiten damit verknüpft sein können • den Text **intensiv** und **distanziert** im Hinblick auf die Aufgabenstellung **lesen**, dabei Wichtiges und weniger Wichtiges **unterscheiden** • zentrale Begriffe **klären** • den gedanklichen Zusammenhang zwischen zentralen Aussagen **erkennen** • die Aussageabsicht des Autors/der Autorin **ermitteln** und grundlegende Sprachhandlungen **notieren:** Der Autor informiert über, legt dar, kritisiert …

II. Schreiben

Arbeitsschritte	Besondere Anforderungen
3. Auseinandersetzung mit dem Text: vorbereitende Erörterung	
• Das Thema **befragen** aus der Perspektive der eigenen Lebenswelt oder unterrichtlich erworbener Kenntnisse; Stichworte, Thesen, Argumente zu den sich ergebenden Aspekten **festhalten** • Aspekte **ordnen (Mindmap, Tabelle)** • die eigene **Position** zum Thema **klären** und damit die Ausrichtung der Erörterung **festlegen** (z. B. begründete Zustimmung, begründete Ablehnung, teilweise Übereinstimmung etc.) • Schreibplan/Gliederung festlegen	• Vorwissen **sichten** und **sortieren**, dabei genau **überlegen**, welche Kenntnisse, Theorieansätze und/oder Zusammenhänge für die Lösung der Aufgabe zielführend eingesetzt werden können • Vorwissen und Textaussagen miteinander **konfrontieren**, um Ansatzpunkte für die eigene Erörterung zu finden • Bei der Erstellung des Schreibplanes die eigene Positionierung **bedenken** und einen entsprechenden Aufbau der Argumentation verfolgen
4. Einleitung des Aufsatzes	
• Autor/in, Titel, Textsorte, Thema, Erscheinungsjahr und -ort angeben • In der Überleitung zum Hauptteil die Position des Autors/der Autorin bzw. die Hauptaussage herausarbeiten	• Das Thema weder zu weit noch zu eng fassen • Die Position des Autors/der Autorin bzw. die Hauptaussage reflektiert, abstrahierend und zusammenfassend **benennen**
5. Hauptteil I: Analyse der Argumentationsstruktur und der sprachlichen Gestaltung	
Variante I (integratives Vorgehen)	
• wichtige Aussagen zusammenfassend und geordnet **wiedergeben** und dabei den Konjunktiv der indirekten Rede **verwenden** • Thesen und Argumente in ihrem gedanklichen Zusammenhang **darstellen**, indem sprachlogisch treffende Konjunktionen etc. benutzt werden • die spezifische Textstruktur **erfassen** (auch unter Angabe von Zeilenangaben für ermittelte Sinnabschnitte) • Sprachhandlungen durch treffende redekennzeichnende Verben bzw. Nomen **benennen** • auffällige sprachliche Besonderheiten herausarbeiten und in ihrer Funktion und Wirkung erläutern	• dem Text gegenüber eine sachlich-distanzierte **Haltung einnehmen** • Textaussagen nicht mit eigenen Wertungen vermischen • Einzelaussagen des Textes nicht nur aneinanderreihen, sondern den **sachlich-logischen Zusammenhang deutlich machen** (durch logisch verknüpfende Konjunktionen bzw. Adverbien) • Gedankensprünge und **Wiederholung** von Aussagen **vermeiden** • **Fachbegriffe verwenden** • sich auf charakteristische sprachliche Mittel beschränken • Aussagen am Text **belegen**, Zitate in die eigenen Formulierungen **integrieren** • sprachliche Mittel in ihrer Funktion für die Wirkungsabsicht **beschreiben**

Variante II (additives Vorgehen)

Bei dieser Variante erfolgt die Analyse der sprachlichen Gestaltung nach der Analyse der Argumentationsstruktur in einem zweiten Schritt. Eine solche Vorgehensweise erfordert eine integrierende Zusammenfassung am Ende.

Arbeitsschritte	Besondere Anforderungen
6. Hauptteil II: Erörterung	
• den Übergang zur Erörterung **fließend gestalten:** eingangs die zentral zu erörternde Thematik/These/Problemstellung und die Grundposition des Autors zusammenfassend benennen **oder** mit einem Zitat einsteigen • entsprechend dem Grundtyp der Erörterung (begründeter Widerspruch, teilweise Übereinstimmung, begründete Zustimmung etc.) die **Argumentation zielgerichtet und strukturiert** aufbauen, wobei die stärksten und damit die eigene Position tragenden Argumente den Abschluss bilden sollen • dabei **Gegenargumente berücksichtigen** und ggf. entkräften • begründet **Schlüsse ziehen** • ein eigenes, aus der Argumentation hergeleitetes, begründetes **Urteil zur Position und Argumentation des Autors/der Autorin formulieren** • dabei ggf. die Machart des Textes kritisch kommentieren (Argumentationsaufbau, Sprachhaltung, Sprachverwendung)	• eigene Thesen, Argumente, Beispiele, Belege und Erläuterungen schlüssig **darlegen** • sich für eines der Verfahren entscheiden: **entfaltendes Verfahren** (ein Standpunkt wird sofort mitgeteilt und anschließend durch Argumente, Erläuterungen etc. untermauert) oder **hinführendes Verfahren** (die Argumentation wird schrittweise aufgebaut und mündet in einer zusammenfassenden These) • auf **stringente Gedankenführung achten** und Argumente gewichten (Inhaltliches nicht rein additiv aufführen) • bei Rückgriff auf Textaussagen die indirekte Rede beachten • treffende sprachlogische Konjunktionen und Adverbien verwenden • auf fachbegrifflich korrekte Erfassung der sprachlichen Phänomene achten
7. Schluss	
• **Fazit ziehen**	• Abrundung des Aufsatzes mit Zusammenfassung der Ergebnisse • evtl. mit Ausblick/Hinweis auf weiterführende Problematisierung
8. Textüberarbeitung	
• den Aufsatz im Hinblick auf Ausdruck, Rechtschreibung, Grammatik und Zeichensetzung **überprüfen**	• Rechtschreibwörterbuch zur Kontrolle benutzen

III. Überarbeiten

Zusammenfassender Hinweis zur Textanalyse

Ziel der Analyse ist nicht eine Anhäufung von Detailbeobachtungen, sondern die geordnete Darstellung Ihres Verständnisses der Gesamtaussage des Textes sowie seines gedanklichen Aufbaus. Sie sollen inhaltliche Aussagen in enger Verknüpfung mit der Beschreibung der argumentativen und der sprachlichen Gestaltung darlegen. Dabei müssen Sie die Art und Weise der Darbietung sowie die Wirkung der sprachlichen Gestaltung auf den Leser reflektieren und benennen.

Zusammenfassender Hinweis zur Texterörterung

Dieser Teil des Aufsatzes erfordert eine aspektreiche und differenzierte Auseinandersetzung mit der im vorgelegten Text angesprochenen Problematik/Thematik sowie die Entwicklung einer begründeten eigenen Position/eines begründeten Urteils.

Die argumentative Herleitung der eigenen Position zur Thematik sowie die Bewertung der Vorgehens- und Präsentationsweise des Autors/der Autorin müssen stichhaltig und sachbezogen erfolgen. Sie sollten überdies bei der sprachlichen Gestaltung Ihrer eigenen Arbeit die Wirkung auf den Leser (in diesem Fall: Prüfer) im Auge behalten.

Zusammenfassender Hinweis zum adressatenbezogenen Schreiben

Beim adressatenbezogenen Schreiben gilt es ebenso wie bei der Texterörterung, die Auseinandersetzung in der Sache argumentativ stimmig und differenziert auszuarbeiten und eine klare, nachvollziehbar begründete Position zu formulieren. Die Anforderungen an die sprachlich-rhetorische Gestaltung des Textes erhöhen sich jedoch, denn dieser Text soll ein bestimmtes Publikum so ansprechen, dass es den Leserbrief oder Kommentar nicht nur sachlich interessant findet, sondern ihn auch mit Genuss liest und der Zeitung verbunden bleibt.

Themenfeld „Literatur/Lesen“

Das Themenfeld Literatur und Lesen ist durch die beiden umfassenden Begriffe recht offen. Im Folgenden soll deshalb zunächst der Versuch unternommen werden, es etwas zu strukturieren und greifbarer zu machen.

Lesen

Komplexität des Begriffs

Was ist gemeint, wenn davon die Rede ist, dass jemand „nicht" liest, „gut" liest, eine „Leseratte" ist, „belesen" ist? Schon diese in der Alltagssprache geläufigen Zuschreibungen eröffnen einen ganzen Komplex von Aspekten, die zu betrachten sind, wenn man sich mit dem Thema Lesen befasst.

Was bedeutet Lesekompetenz?

Zunächst ist festzuhalten, dass das, was wir unter „Lesen" verstehen, eine sehr komplexe Fähigkeit ist, die sich in zahlreiche Teilfähigkeiten untergliedern lässt, welche, beginnend mit dem Erwerb der Schriftsprache in der Grundschule, im Verlauf des (Schul-)Lebens erworben und ausgebaut werden. Dazu gehören z. B. die Fähigkeiten, einem Text Informationen zu entnehmen, ein allgemeines Verständnis des Textes zu entwickeln, aber auch, einen Text zu interpretieren und über seine formale Gestaltung zu reflektieren. Zusammenfassend spricht man von **Lesekompetenz**.

wissenschaftliche Vergleichsstudien und ihre Folgen

In den vergangenen Jahrzehnten haben sich Wissenschaftler vermehrt mit dieser wichtigen Kompetenz beschäftigt und geeignete Verfahren entwickelt, um den diesbezüglichen Leistungsstand von Schülerinnen und Schülern möglichst genau zu erfassen. Als im Jahr 2000 im Rahmen der PISA-Studien der OECD[1] die Lesekompetenz 15-Jähriger auf internationaler Ebene verglichen wurde, zeigten deutsche Schülerinnen und Schüler vergleichsweise unbefriedigende Leseleistungen. Das Ergebnis dieser Schulleistungsuntersuchung löste den sogenannten **„PISA-Schock"** aus: Es wurde deutlich, dass der Schulunterricht an deutschen Schulen nicht so ertragreich war wie bislang angenommen. In der Folge wurde der Ruf nach einem Umdenken in der Schule und nach einer Verbesserung der Unterrichtsqualität laut, was sich schulpolitisch in verschiedenen Reformen niederschlug.

die Rolle des Deutschunterrichts

Im Deutschunterricht hat das Lesen im Zuge dieser Entwicklungen einen anderen Stellenwert bekommen, indem deutlicher ins Bewusstsein gerückt ist, dass man die einzelnen Teilkompetenzen des Lesens verstärkt üben muss. Kompetenzen wie die rasche Erschließung von Texten im Hinblick auf wichtige Fakten und Aussagen sowie die Fähigkeit, Textzusammenhänge zu erkennen, sind in der modernen Kommunikationsgesellschaft von zentraler Be-

1 Die OECD (Organisation for Economic Co-operation and Development) vereinigt 34 Mitgliedsländer auf der ganzen Welt, die sich gemeinsame Ziele gesetzt haben in Bezug auf das Wirtschaftswachstum der Länder, die Verbesserung des Lebensstandards etc.

deutung, da sie wichtige Voraussetzungen für die Informationsverarbeitung sind. So ist mittlerweile auch verstärkt die Arbeit an Sachtexten Gegenstand des Deutschunterrichts. In diesem Zusammenhang muss natürlich auch das Lesen oder vielmehr Erschließen von nichtlinearen Texten, also z. B. Schaubildern und Grafiken, mit bedacht werden. Der sogenannte **erweiterte Textbegriff** umfasst deshalb nicht nur geschriebene Texte, sondern auch Bilder, Filme oder grafische Darstellungen.

pragmatische Texte

literarische Texte

Im Kontext des Themenfeldes Literatur und Lesen steht jedoch eher das **literarische Lesen** im Vordergrund, also die Auseinandersetzung mit fiktionalen Texten. Es kommt die Person des Lesers in den Blick, die Bedeutung, die die Begegnung mit Literatur für den Einzelnen haben kann, sowie die damit eng verknüpfte Frage, was uns eigentlich zu dem macht, was man als „begeisterten Leser" bezeichnet.

Literatur

Lesebegeisterung …

Märchen, Gedichte, Geschichten: Begegnung mit Literatur findet nicht erst – und schon gar nicht ausschließlich – in der Schule statt. Die Leseforschung hat herausgefunden, dass vor allem der Einfluss der Familie maßgeblich dafür ist, ob aus Kindern Leser werden – oder ob das Lesen für sie zeitlebens eher eine wenig lustbesetzte und ausschließlich zweckorientierte Tätigkeit bleibt. Die Gesamtheit der für das Leseverhalten Heranwachsender prägenden Umstände wird als **Lesesozialisation** bezeichnet.

… und die Rolle der Familie

Die Mutter, die vorliest (ja, es sind immer noch meistens die Mütter!), der Vater, der die Zeitung studiert, die Oma, die einen großen Fundus an Märchen, Reimen und Geschichten zu erzählen weiß – sie alle tragen dazu bei, das Lesen im Leben zu verankern, zum integrativen Bestandteil der eigenen Identität werden zu lassen: Am Modell lernt das Kind, dass Lesen zum Leben dazugehört, dass es unterschiedliche Funktionen haben kann, dass es Freude bereitet. Kinder, die so oder ähnlich durch die Familie an das Lesen herangeführt werden, haben weit größere Chancen, zu begeisterten Lesern zu werden, als solche, bei denen das Lesen zu Hause gar keine Rolle spielt oder es beim Lippenbekenntnis bleibt.

literarische Bildung

Der hohe Stellenwert, den Literatur in der Schule hat, wird vor allem mit ihrem **Beitrag zur Bildung** begründet. So kann es als gesellschaftlicher Konsens angesehen werden, dass zu dem, was als „Allgemeinbildung" gilt, sicherlich die Kenntnis bedeutender literarischer Werke und Autoren zählt, aber auch das Wissen über bestimmte geistige Strömungen, deren Gedankengut bis heute wirkt, wie z. B. die Tradition der Aufklärung oder der Romantik. Es ist vor allem der Wunsch nach dem Erhalt und der Weitervermittlung solcher kulturellen Zusammenhänge, der hinter der immer einmal wieder aufkommenden Forderung nach einem sogenannten **Literaturkanon** steht, d.h. einer repräsentativen Auswahl wichtiger Werke der Literatur verschiedener Epochen – etwa von der Aufklärung bis zur Moderne –, die allgemein bekannt sein, d.h. nach Möglichkeit zur obligatorischen Schullektüre gehören sollten. Allerdings wirft diese Forderung eine ganze Reihe von Fragen auf: Wer sollte entscheiden, welche Werke in den Kanon aufgenommen werden und welche nicht? Die Auswahl eines Germanistikprofessors, dessen Fachgebiet die Epoche der Aufklärung ist, würde sich sicher deutlich unterscheiden von der eines Deutschlehrers, der seine Schüler vor Augen hat, oder von der eines Literaturkritikers, der sich vor allem mit zeitgenössischer Literatur befasst. Und überhaupt: Sollten wirklich alle Schüler gleichermaßen dazu verpflichtet werden, die in den Kanon aufgenommenen Werke zu lesen? Würde das nicht eine haltlose Überfrachtung des Unterrichts und eine Überforderung der Schüler bedeuten?

Was muss man gelesen haben?

Die Erstellung eines Literaturkanons für die Schule ist somit zwar immer wieder durchaus hitzig diskutiert worden, durchgesetzt hat sich aber letztlich nur der sogenannte **„heimliche Kanon“:** Eine bestimmte Anzahl von Werken, die immer wieder in der Schule gelesen werden, nicht weil sie von Experten ausgewählt wurden, sondern weil sie sich – z.B. aus Lehrersicht – „bewährt“ haben und in der Folge mehr oder minder gewohnheitsmäßig in den Lehrplan aufgenommen wurden.

Schullektüren

Der Bildungswert von Literatur lässt sich auch auf der Ebene der individuellen Entwicklung verorten – der **Persönlichkeitsbildung**. Bücher eröffnen fremde Welten, geben Einblicke in das Leben anderer und lassen uns teilhaben an Situationen, die wir im täglichen Leben niemals erleben würden. Gerade jüngere Leser wissen dieses Identifikationsangebot zu schätzen und tauchen gerne ein in spannende, abenteuerliche Geschichten, die sie aus der Sicht des Protagonisten sozusagen live erleben können. Dieses **identifikatorische Lesen** hat dabei durchaus einen hohen Wert: Es regt die Fantasie an, schult die Wahrnehmungsfähigkeit, vertieft das Einfühlungsvermögen, erweitert unsere Fähigkeit, Fremdartiges zu verstehen. Als eine Form von **„Probe-Handeln“** eröffnet das Lesen die Möglichkeit, sich im geschützten Raum mit zentralen Themen des Lebens wie etwa Liebe, Verlust oder Tod zu befassen und so auch das Moralverstehen zu entwickeln.

Einflüsse von Literatur auf die Persönlichkeit

Wenn also Jugendliche angeben, vor allem „zur Unterhaltung“ zu lesen, wenn Jungen „spannende“ Lektüre bevorzugen, Mädchen häufig eine Vorliebe für Romane über Liebe und Freundschaft entwickeln, so ist es sicher nicht an-

Literatur als Orientierungshilfe, Vermittlung von Empathie

gebracht, diese Lesefluchten als verschwendete Zeit abzutun. Literatur – auch Jugendliteratur – ermöglicht dem Menschen, seinen persönlichen Erfahrungsbereich zu erweitern. Literarische Werke zeigen unterschiedliche Entwürfe der Lebensorientierung und Möglichkeiten der Daseinsbewältigung, die uns helfen können, andere zu verstehen und das eigene Leben zu gestalten.

ästhetischer Eigenwert von Literatur

Doch würde es natürlich zu kurz greifen, wollte man das Lesen von Literatur auf eine Art Lebenshilfe reduzieren. Genau wie ein Musikstück, ein schönes Bild oder eine vollendete Skulptur ist schließlich auch ein Gedicht, ein Drama oder ein Roman ein Kunstwerk und kann ästhetisches Vergnügen bereiten – wenn beim Leser ein Bewusstsein für die sprachliche Gestaltung geweckt und die ästhetische Urteilsfähigkeit entsprechend geschult wurde. Nur wer Besonderheiten der sprachlichen Gestaltung in ihrer Form, aber auch in ihrer Funktion und Wirkung erfassen kann, ist in der Lage, sie wertzuschätzen. Die Entwicklung der **ästhetischen Wahrnehmungsfähigkeit** ist deshalb ein wichtiges Ziel des Literaturunterrichts.

Aufgabenstellung

1. Analysieren Sie, wie die Autorin ihre Position argumentativ entwickelt. Berücksichtigen Sie dabei auch ausgewählte sprachliche Mittel. (40 %)
2. Erörtern Sie die Position der Autorin zur Entwicklung einer Lesekultur in der Schule. (60 %)

Text

Lesekultur in der Schule – geht das überhaupt?

Von Elisabeth Gessner

Lesen ist uncool.
Lesen ist langweilig, unwichtig, Lesen „bringt nichts".
Lesen gilt als „weiche", nicht so relevante Kompetenz.
Das Lesen eines Buches vermittelt in den Augen vieler unserer Schüler weder echtes Sozialprestige noch unmittelbaren Gewinn.

Man kann es sich heute – gerade als Jugendlicher – nicht mehr leisten, nichts von Computern zu verstehen oder kein Handy zu besitzen. Aber zu sagen, dass Lesen „öde" ist, dass man nicht – oder nicht gern – liest, schadet dem Image nicht wirklich. Eher im Gegenteil – zumindest gilt das für bestimmte Teile der Jugendszene. Gerade für pubertierende männliche Jugendliche kann das demonstrative Desinteresse am Lesen zur bewussten geschlechtsspezifischen Rollenprofilierung gehören.

Das ist natürlich zunächst ein gesellschaftliches Problem. Aber es markiert die Rahmenbedingungen, auf die sich Lehrerinnen und Lehrer in ihrem Unterricht einstellen müssen. Wenn in der Schule die Notwendigkeit von Lesekompetenz betont wird, geschieht dies oft abseits oder gar im Widerspruch zu subtil wirksamen gesellschaftlichen Wertsetzungen.

Wir, die „vereinigten Leseförderer", haben in diesem Umfeld oft nicht die überzeugenden Gegenargumente. Allzu oft werden die Notwendigkeit von Lesekompetenz und der angebliche Lustgewinn durch das Lesen abstrakt und pauschal nur behauptet. Wir setzen voraus, dass Lesen wichtig, schön, eine erstrebenswerte Fähigkeit ist, aber wir können das zu wenig konkret vermitteln. Weil wir selbst so überzeugt sind, postulieren[1] wir und tragen Transparente vor uns her: Lesen ist toll! Erst der Leser ist der gute, gebildete, umfassend glückliche Mensch (und Schüler)! Diese scheinbare Selbstverständlichkeit wird dabei zu wenig hinterfragt. Wir bleiben zu allgemein und vertreten Imperative und Schlagworte, statt nach differenzierten und speziellen Antworten zu suchen.

Dieser letztlich vordergründige Konsens spiegelt sich auf vielen Ebenen im schulischen Alltag und darüber hinaus wider. Die meisten Lehrerinnen und Lehrer kennen z. B. das Gespräch mit besorgten Eltern über die schlechten Rechtschreibleistungen. „Er/sie liest ja auch gar nicht!“, klagen die Eltern und verlangen Abhilfe. Sie wissen sich im stillschweigenden Einverständnis mit dem Lehrer über den Wert des Lesens und erwarten, dass die Schule das notwendige Pensum an Lektüre verordnet und den Vollzug der Verordnung auch kontrolliert. Vertieft man das Gespräch, stellt sich nicht selten heraus, dass auch für die Eltern das Lesen – und gerade auch die Belletristik – nur nebensächliche Bedeutung hat. „Keine Zeit“, „man kommt nicht dazu“, „zu viel Dringenderes“, „man müsste“, „man sollte“ … Einig ist man sich nur in einem höchst vordergründigen Konsens: Der gebildete Mensch liest! Nur warum eigentlich? Und tut er das wirklich?

Auch im Unterricht bleibt es zu oft bei Appellen: Lies doch! Lesen macht Spaß! Wenn du liest, bekommst du bessere Noten! Aber Lesekompetenz braucht mehr als Appelle und Leistungsdruck, und Lesespaß verträgt keine Befehlsform.

„Das Verb ‚lesen‘ duldet keinen Imperativ“, so beginnt etwa Daniel Pennac sein Plädoyer gegen die Leseverdrossenheit. „Eine Abneigung, die es mit ein paar anderen teilt: dem Verb ‚lieben‘, dem Verb ‚träumen‘ … Man kann es natürlich trotzdem versuchen. Probieren Sie es mal: ‚Liebe mich!‘ … ‚Träume!‘ … ‚Jetzt lies doch, zum Teufel, ich befehle dir zu lesen!‘ … ‚Geh in dein Zimmer und lies!‘ Ergebnis? Null.“[2]

Aus: Bräuer, Gerd (Hrsg.): Schreiben(d) lernen. Ideen und Projekte für die Schule. edition Körber Stiftung Hamburg 2004, S. 27–29.

Anmerkungen:

1 postulieren: fordern

2 Aus: Pennac, Daniel: Wie ein Roman, Köln 1994. Daniel Pennac ist ein französischer Schriftsteller, der in diesem Buch die Rechte des Lesers verteidigt und sich dafür einsetzt, dass Lesen nicht nur unter dem Aspekt der Bildung gesehen, sondern auch als Vergnügen und spannende Erfahrung erlebt werden sollte.

Teilaufgabe 1

Analysieren Sie, wie die Autorin ihre Position argumentativ entwickelt. Berücksichtigen Sie dabei auch ausgewählte sprachliche Mittel.

Überschrift — **1. Schritt**

In der Überschrift wird die Frage nach einer „Lesekultur in der Schule" aufgeworfen.
Was ist darunter zu verstehen? Versuchen Sie zunächst eine Begriffsklärung, indem Sie die folgenden Fragen für sich beantworten.

- Was bedeutet „Kultur"? (Fremdwörterbuch nutzen!)
- Was könnte demnach als „Lesekultur" gelten?
- Welche Rolle könnte/sollte der Schule dabei zukommen?

Adressatenorientierung — **2. Schritt**

Um ein angemessenes Textverständnis zu entwickeln, sollte man sich stets auch ins Bewusstsein rufen, an wen sich der Text richtet. Wer ist der Adressat, die Zielgruppe? Überprüfen Sie die Literaturangabe und notieren Sie dann stichwortartig Ihre Vermutungen:

- Wer ist die Zielgruppe des Textes?
- Welche Einstellungen zum Lesen werden in dieser Gruppe vermutlich vorherrschen?
- Mit welchen Problemen bzw. Fragen zum Thema Lesen könnten sich die Adressaten des Textes konfrontiert sehen?

Textaufbau — **3. Schritt**

a Elisabeth Gessner stellt in ihrem Text verschiedene Haltungen zur Bedeutung des Lesens dar.
Strukturieren Sie den Text entsprechend und notieren Sie stichpunktartig die jeweils dargestellten Perspektiven zum Thema.
  - Perspektive der Jugendlichen (Z. 1–12): …
  - Perspektive der Lehrer: …
  - Perspektive der Eltern: …

b Zu klären ist, welche Funktion die Darstellung der unterschiedlichen Sichtweisen im Rahmen der Argumentation hat. Die Beantwortung der folgenden Fragen könnte dabei hilfreich sein:
  - Welche Widersprüche werden durch die Darstellung der verschiedenen Positionen offenbar?

- Inwiefern wird den unterschiedlichen Gruppen ein Anteil an Verantwortung zugesprochen für die Schwierigkeiten, die sich bei der Entwicklung einer Lesekultur in der Schule ergeben?
- Werden Lösungsansätze für das Problem aufgezeigt?

c Der vorliegende Textauszug endet mit einem Zitat des Autors Daniel Pennac, in dem dieser den Standpunkt vertritt, dass das Verb „lesen" keinen Imperativ dulde (vgl. Z. 46 ff.).

- Klären Sie: Was meint er damit?
- Warum führt Elisabeth Gessner dieses Zitat an?

4. Schritt **Position der Autorin**

Wichtiger Bestandteil der Textanalyse ist es, die Position des Autors in eigenen Worten darstellen zu können.
Dazu gehören

- das Thema bzw. die Problemstellung, mit der der Autor sich befasst,
- das Anliegen/die Intention, die er verfolgt, sowie
- zentrale Argumente, mit denen er seine Position begründet.

a Bei dem vorliegenden Text wird das Thema „Lesen" schon in der Überschrift angesteuert. Durch welche der folgenden Aussagen wird das Anliegen der Autorin Ihrer Meinung nach am besten wiedergegeben?
Belegen Sie Ihre Einschätzung am Text.

1 Gessner kritisiert, dass dem Lesen in der Schule ein viel zu hoher Stellenwert beigemessen wird.

2 Gessner beklagt, dass die Menschen in unserer Gesellschaft insgesamt viel zu wenig lesen.

3 Gessner setzt sich für eine differenzierte Sicht auf die Bedeutung des Lesens ein und fordert in diesem Zusammenhang auch ein Umdenken in der Schule.

Textbeleg(e): ______________________________

b Die folgende Aussage kann als zentrale These Gessners verstanden werden:
„Wenn in der Schule die Notwendigkeit von Lesekompetenz betont wird, geschieht dies oft abseits oder gar im Widerspruch zu subtil wirksamen gesellschaftlichen Wertsetzungen." (Z. 15 ff.)

Stellen Sie sicher, dass Sie diese komplexe Formulierung richtig verstehen. Klären Sie zunächst, was unter „subtil wirksamen gesellschaftlichen Wertsetzungen" zu verstehen ist.

- Was bedeutet „subtil wirksam“? (Fremdwörterbuch nutzen!)
- Von welcher Art gesellschaftlicher Wertsetzungen ist im Text die Rede?

Versuchen Sie jetzt, die Aussage der Autorin in eigenen Worten zu formulieren!
Die folgenden Satzanfänge können Ihnen dabei eine Hilfe sein.

- Lehrer messen dem Lesen …
- Allerdings ist zu bedenken, dass für Jugendliche …
- Viele Eltern legen zwar Wert darauf, dass ihre Kinder …

Sprachliche Analyse **5. Schritt**

Bei der Analyse der sprachlichen Gestaltung empfiehlt es sich, den Text unter bestimmten Aspekten zu untersuchen. Eine hilfreiche Leitfrage ist dabei oft: Welche (sprachlichen) Mittel setzt der Autor ein, um den Leser für die eigene Position zu vereinnahmen? (Adressatenorientierung bedenken!)
Klären Sie zunächst die Funktion und Wirkung der folgenden Gestaltungsmittel und suchen Sie dann selbst weitere Beispiele.

Gestaltungsmittel	Textstelle, ggf. Zitat	Funktion / Wirkung
Klimax	Z. 1–5	
Umgangssprachliche Formulierungen	Z. 1 f.: „Lesen ist uncool. […] ‚bringt nichts‘.“	
Verwendung von wiss. Fachbegriffen/ Fremdwörtern	Z. 10–12: „Gerade für pubertierende männliche Jugendliche kann das demonstrative Desinteresse am Lesen zur bewussten geschlechtsspezifischen Rollenprofilierung gehören.“	
Personalpronomen „wir“, ironisierende Selbstbezeichnung	Z. 18: „Wir, die ‚vereinigten Leseförderer‘“	
…		

6. Schritt **Schreibplan**

Erstellen Sie auf der Grundlage Ihrer bisherigen Arbeit einen Schreibplan.

- Einleitung (Autorin, Titel, Textart, Thema)
- Position der Autorin
  Anliegen, zentrale Aspekte der Begründung
- Darstellung des Argumentationsgangs im Einzelnen; in diesem Zusammenhang Erläuterung der Funktion auffälliger sprachlicher Gestaltungsmittel
- Schluss
  knappe Zusammenfassung der Intention der Autorin, gegebenenfalls Bewertung der Argumentation

Teilaufgabe 2

Erörtern Sie die Position der Autorin zur Entwicklung einer Lesekultur in der Schule.

Als Vorbereitung für Ihre Erörterung gilt es zunächst, die strittige Frage zu erkennen und eine eigene Position dazu zu entwickeln.
Die zentrale Frage, mit der sich die Autorin befasst, wird in der Überschrift klar formuliert.
Die Position der Autorin haben Sie erarbeitet, die Argumentation analysiert.

7. Schritt **Die Stichhaltigkeit der Argumentation überprüfen**

Ein wichtiger Ansatzpunkt für die Erörterung ist die Bewertung der Argumentation. Dabei sollten Sie nicht nur einbeziehen, inwieweit Sie den Ausführungen der Autorin zustimmen können, sondern auch die Stichhaltigkeit der Argumente überprüfen.
Es empfiehlt sich, dabei die Argumentation im wahrsten Sinne des Wortes zu hinterfragen, z. B.:

- Trifft es aus Ihrer Sicht zu, dass Jugendliche kein Interesse am Lesen haben?
- Teilen Sie Elisabeth Gessners Ansicht, dass auch Eltern zwar häufig genug die Bedeutung des Lesens hochhalten, selbst aber gar nicht danach leben?
- Spiegelt es Ihre eigene Schulerfahrung wider, wenn Gessner behauptet, dass Lehrer ständig den Bildungswert des Lesens betonen, dies aber für die Schüler nur eine leere Phrase bleibt?

- An welchen Stellen erscheint Ihnen die Argumentation schwach oder auch lückenhaft?
- …

Notieren Sie gegebenenfalls stichwortartig Ihre Gegenargumente!

Die eigene Position klären **8. Schritt**

a Reflektieren Sie Ihre persönlichen Leseerfahrungen innerhalb (und außerhalb) der Schule.
- Welche positiven oder negativen Erfahrungen mit Schullektüre waren prägend?
- Inwiefern finden sich Anknüpfungspunkte zu den Aussagen des Textes?

b Formulieren Sie Ihren Standpunkt zur folgenden Frage als These, die Sie im Rahmen Ihrer Erörterung vertreten werden.
Ist es unter den dargestellten Voraussetzungen überhaupt vorstellbar, dass schulisches Lesen das Interesse am Lesen befördert?

Wenn ja:
- Welche Faktoren könnten dazu beitragen?

Wenn nein:
- Was sind Ihrer Ansicht nach die zentralen Probleme? Wie sähe gegebenenfalls ein angemessener Umgang mit dem Lesen in der Schule aus?

Notieren Sie stichpunktartig Ihre Ideen als Stoffsammlung.

Einen Schreibplan erstellen **9. Schritt**

Erstellen Sie einen Schreibplan für Ihre Erörterung.

Lösungen

Teilaufgabe 1

1. Schritt **Überschrift**

Kultur bezieht sich auf Kunst und Bildung, aber auch auf eine gewisse Lebensart und Erziehung. Schule wird hier also als Ort gedacht, an dem die Beschäftigung mit Literatur ihren festen Platz hat zum Zweck der Bildung und Persönlichkeitsentwicklung.

2. Schritt **Adressatenorientierung**

Der Titel des Buches, dem der Auszug entnommen wurde, lautet „Schreiben(d) lernen. Ideen und Projekte für die Schule". Das Buch wendet sich also an (Deutsch-)Lehrer.

Es ist davon auszugehen, dass Lehrer dem Lesen gemeinhin eine hohe Bedeutung beimessen, worauf Gessner ja auch explizit hinweist. Allerdings sehen sich Lehrer zunehmend mit einer Schülerschaft konfrontiert, in deren Leben Lesen, insbesondere das Lesen von Büchern, im Vergleich zur Beschäftigung mit neuen Medien nur einen sehr geringen Stellenwert einnimmt. Mit diesem Mangel an Leseerfahrung geht häufig auch ein Verlust von Lesekompetenz einher. Notwendigerweise ergibt sich für Lehrer daraus die Frage, wie dem entgegengesteuert werden kann bzw. wie die Lesefähigkeiten der Schüler verbessert werden können.

3. Schritt **Textaufbau**

a)
- Perspektive der Jugendlichen (Z. 1–12): Lesen hat keine große Relevanz, da damit weder die Anerkennung Gleichaltriger noch unmittelbarer Erfolg erzielt werden kann.
- Perspektive der Lehrer (Z. 14–25): Der Lesekompetenz kommt zentrale Bedeutung zu, außerdem bildet Lesen die Persönlichkeit und bereichert das Leben (Kulturgut).
- Perspektive der Eltern (Z. 30–40): Lesen ist auf jeden Fall dem Erwerb der Rechtschreibung dienlich, allerdings ist es vorrangig Aufgabe der Schule, Jugendliche zum Lesen zu bringen; unterschwellige Geringschätzung des Lesens im Vergleich zu im Alltag wichtigen Aufgaben (Z. 38 f.)

b) Gessner will die Widersprüche und Brüche bezüglich des allgemeinen gesellschaftlichen Konsenses über die Bedeutung des Lesens aufzeigen:
- in der Schule wird größter Wert auf die Förderung der Lesekompetenz und die Auseinandersetzung mit Literatur gelegt, im Alltag Jugendlicher hingegen spielt beides keine Rolle
- Eltern fordern zwar von der Schule, die Kinder für das Lesen zu motivieren, selbst sehen sie sich aber nicht in der Pflicht und übernehmen keine Vorbildfunktion
- Lehrern gelingt es nicht, die Schülerinnen und Schüler von der Bedeutung des (literarischen) Lesens zu überzeugen

Die Autorin selbst bietet keine Lösung an. Sie will deutlich machen, dass es keine „einfachen" Antworten gibt, dass es vielmehr gilt, das Thema sehr differenziert und reflektiert neu zu diskutieren und dabei auch die jeweils eigene Position (Lehrer, Eltern …) kritisch zu hinterfragen.

c) Pennac möchte durch sein Beispiel verdeutlichen, dass die Kreativität bestimmter Handlungen nicht angeordnet werden kann.
Gessner führt dieses Zitat zum Schluss als Pointe an, um ihre Argumentation durch die Autorität eines Schriftstellers zu stützen. Schüler haben für gewöhnlich wenig Einfluss auf die Auswahl der Texte, die im Unterricht behandelt werden. Sie sind aber gezwungen, sich mit den Texten zu befassen, um gute Noten zu bekommen, und fühlen sich demnach dem Imperativ „Lies!" unterworfen. Die Erwartung, dass sie auf diese Weise eine positive Einstellung zum Lesen, sogar Freude an den in der Schule behandelten Werken entwickeln, ist fragwürdig, da sich eine solche Haltung eben nicht einfach „auf Befehl" einstellt.

Position der Autorin **4. Schritt**

a) Aussage 3: Der Autorin, die offenbar selbst Lehrerin ist („Wir", Z. 18), geht es um eine sachliche und differenzierte Auseinandersetzung mit der Frage nach der Bedeutung des Lesens und den Möglichkeiten, wie die Lesekompetenz in der Schule gefördert werden kann. (Textbelege: Z. 13 ff., Z. 25 ff., Z. 42 ff.)

b) *subtil:* fein strukturiert (und daher schwer zu durchschauen und zu verstehen); schwierig, kompliziert
gesellschaftliche Wertsetzungen: Werte, die in der Gesellschaft bzw. innerhalb bestimmter gesellschaftlicher Gruppen anerkannt sind, im Kontext des Textes z. B. die literarische Bildung (Lehrer) oder das Erreichen eines höheren Schulabschlusses (Eltern)

Wenn in der Schule die Bedeutung des Lesens und der Literatur betont wird, so steht das im Widerspruch zu den Alltagserfahrungen Jugendlicher. Denn in ihrem Leben spielt das Lesen von Büchern gar keine große Rolle mehr. Unter Gleichaltrigen zählt es weitaus mehr, sich z. B. mit Computern oder Handys auszukennen, als sich mit Literatur zu befassen. Und auch die Eltern sind ihren Kindern kein Vorbild: Viele Eltern sagen zwar, dass Lesen wichtig ist, selbst lesen sie aber gar nicht. So ist es eigentlich nicht verwunderlich, dass die Kinder nicht gern lesen.

5. Schritt **Sprachliche Analyse**

Gestaltungsmittel	Textstelle, ggf. Zitat	Funktion / Wirkung
Klimax	Z. 1–5	Emphase, Wecken des Leserinteresses durch Herausstellung der abwertenden Haltung zum Lesen
Umgangssprachliche Formulierungen	Z. 1 f: „Lesen ist uncool. […] ‚bringt nichts'".	Entlarvung einer unreflektierten, plakativen Haltung zum Lesen
Verwendung von wiss. Fachbegriffen/ Fremdwörtern	Z. 10–12: „Gerade für pubertierende männliche Jugendliche kann das demonstrative Desinteresse am Lesen zur bewussten geschlechtsspezifischen Rollenprofilierung gehören".	Betonung eigener Expertenschaft: Durch den sachlichen, wissenschaftssprachlichen Stil wird der Anspruch auf eine sachliche und differenzierte Auseinandersetzung mit dem Thema unterstrichen
Personalpronomen „wir", ironisierende Selbstbezeichnung	Z. 18: „Wir, die ‚vereinigten Leseförderer'"	Vereinnahmung des Lesers durch Solidarität, dadurch auch Entschärfung der an den Lehrern geübten Kritik
Reihung von Hochwert-Adjektiven	wie in „wichtig, schön, eine erstrebenswerte Fähigkeit", „der gute, gebildete, umfassend glückliche Mensch" (Z. 21 ff.)	Entwertung, Aufzeigen der Sinnentleertheit solcher floskelhaft verwendeten Attribute, Ironisierung eines unerreichbaren Ideals
Antithetische Darstellung	Z. 26: „Wir […] vertreten Imperative und Schlagworte, statt nach differenzierten und speziellen Antworten zu suchen."	Abwertung der gängigen Argumente als zu pauschal, zu unreflektiert
Behördensprachliche Wendungen	Z. 35 f.: „den Vollzug der Verordnung auch kontrolliert"	Schule wird (von den Eltern) als staatliche Kontrollorganisation gesehen, die die von außen an die Leistungen der Schüler herangetragenen Ansprüche zuverlässig durchsetzt. Persönlichkeitsentwicklung und Bildung spielen dabei keine/eine untergeordnete Rolle
rhetorische Fragen	Z. 39 f.	Anregung zum Hinterfragen gängiger Überzeugungen

Schreibplan **6. Schritt**

Individuelle Lösung

Teilaufgabe 2

Die Stichhaltigkeit der Argumentation überprüfen **7. Schritt**

- *unzulässige Verallgemeinerung:* Nicht für alle Jugendlichen gilt, dass sie kein Interesse am Lesen haben. Es gibt immer noch jede Menge „Leseratten“. Allerdings lesen Jugendliche andere Bücher als die, die in der Schule behandelt werden. Vielleicht müssten Lehrer die Interessen ihrer Schülerinnen und Schüler stärker in die Unterrichtsplanung einbeziehen.
- *Unterstellung:* Die Autorin behauptet, dass die Eltern dem Lesen im Grunde keine ernsthafte Wertschätzung entgegenbringen, da sie selbst nicht viel lesen. Das ist aber eine Unterstellung – berufstätigen Vätern und Müttern fehlt einfach die Zeit, um sich mit einem Buch auf das Sofa zu legen!
- *undifferenzierte Darstellung:* Die mangelnde Lesemotivation von Schülerinnen und Schülern ist nicht einfach damit zu begründen, dass ihnen die Bedeutung des Lesens nicht bewusst wäre, sondern ist häufig auf die Auswahl der Schullektüre zurückzuführen.

Die eigene Position klären **8. Schritt**

Individuelle Lösung

Einen Schreibplan erstellen **9. Schritt**

Einleitung (Erörterungsfrage, Position der Autorin)

Kritische Auseinandersetzung mit Gessners Argumentationsweise

- *unzulässige Verallgemeinerung* in Bezug auf das Leseverhalten Jugendlicher; Beleg: eigene Erfahrungen
- *Unterstellung:* mangelnde Wertschätzung des Lesens seitens der Eltern; Gegenargument: Eltern fehlt die Zeit (Beruf, häusliche Pflichten)

Entwicklung einer eigenen Position: Grundsätzliche Zustimmung zur Position der Autorin: Umdenken in der Schule ist erforderlich

Argumente

- problematische Textauswahl: Schülerinteressen stärker berücksichtigen (persönliche Leseerfahrungen einbeziehen!)
- langweiliger Unterricht: Einheiten sind zu lang, zu ausufernd (persönliche Erfahrungen)

Fazit: Versuch einer eigenen Definition des Begriffs Lesekultur, Beispiele für Möglichkeiten der Umsetzung

Musterlösung

Teilaufgabe 1

Einleitung

Der vorliegende Textauszug ist einem fachwissenschaftlichen Aufsatz entnommen, der 2004 in dem Buch „Schreiben(d) lernen. Ideen und Projekte für die Schule“, herausgegeben von Gerd Bräuer, veröffentlicht wurde. Das Buch richtet sich an Lehrer. Unter dem etwas provokativen Titel „Lesekultur in der Schule – geht das überhaupt?“ stellt sich die Autorin Elisabeth Gessner der Frage, **wie das Lesen in der Schule sinnvoll gefördert werden kann**. Mit Blick auf die Rahmenbedingungen problematisiert sie die vielfach von Vorurteilen und unreflektierten Haltungen geprägte Auseinandersetzung mit dem Thema Lesen und fordert eine sachlichere und differenziertere Herangehensweise.

Position der Autorin

Perspektive der Jugendlichen: Abwehr

Gessner leitet ihren Text durch die Darstellung gängiger Abwehrhaltungen Jugendlicher gegenüber dem Lesen ein. Diesen erschließe sich Sinn und Zweck des Lesens vor allem deshalb nicht, weil sie damit **keinerlei Anerkennung bei Gleichaltrigen** fänden. Stattdessen sei – gerade für männliche Jugendliche – im Gegenteil eher das „demonstrative Desinteresse am Lesen“ (Z. 11) notwendig für das Selbstbild.

Klimax, Umgangssprache

Die rhetorische Figur der Klimax (Z. 1 ff.), verbunden mit umgangssprachlichen Formulierungen wie „Lesen ist uncool“ oder „bringt nichts“ (Z. 1 f.), durch die die Pauschalität und **Unreflektiertheit der Urteile** unterstrichen wird, rüttelt den Leser auf und weckt sein Interesse. Es geht Gessner aber nicht darum, in die allgemeine Klage der Verwahrlosung der Jugend einzustimmen. Dies verdeutlicht sie durch ihre nachfolgenden Erläuterung (Z. 10–12), die sachlich und unter Verwendung fachsprachlicher Ausdrücke und Fremdwörter („geschlechtsspezifische Rollenprofilierung“) formuliert ist. Sie unterstreicht damit den wissenschaftlichen Anspruch ihrer Ausführungen und bahnt ihre zentrale These an:

Fachsprache

zentrale These

Laut Gessner liegt die **Hauptschwierigkeit einer angemessenen Leseförderung** in der Schule darin begründet, dass die schulische Sicht auf die Bedeutung der Lesekompetenz nicht den in der Gesellschaft verbreiteten Einstellungen und Haltungen dazu entspricht (Z. 15 ff.).

Haltung der Lehrer: Mangel an Überzeugungskraft

Gessner setzt sich in diesem Zusammenhang auch kritisch mit der **Haltung der Lehrer** auseinander, die sich ihrer Ansicht nach häufig in allzu pauschalen, abstrakten Behauptungen erschöpfe. Lehrer seien so überzeugt davon, dass Lesen ein Kulturgut ist, dem zentrale Bedeutung bei der Bildung und Persönlichkeitsentwicklung zukommt, und dass es zudem Freude bereitet, dass sie gar nicht mehr hinterfragten, ob diese Sicht auch den Schülern vermittelbar ist bzw. ob sie überhaupt so ohne Weiteres haltbar ist. Die Autorin veranschaulicht diese Art der Argumentation durch das Bild eines mit allerlei Schlagworten und Slogans beschrifteten Transparentes, das man – wie auf einer Demonstration – vor sich hertrage (Z. 23 f.). Die Sinnentleertheit der dabei gebräuchlichen Phrasen verdeutlicht sie dabei durch die Reihung von Hochwert-Adjektiven in Wendungen wie „wichtig, schön, eine erstrebenswerte Fähigkeit" (Z. 21 f.), „der gute, gebildete, umfassend glückliche Mensch" (Z. 24 f.).

Veranschaulichung

positiv konnotierte Adjektive

Jedoch will Gessner die Lehrer nicht an den Pranger stellen. Durch den Gebrauch des Personalpronomens **„wir"** (Z. 18) gibt sie sich selbst als Mitglied der Gruppe der Lehrer zu erkennen, die von ihr selbstironisch als „vereinigte Leseförderer" bezeichnet werden. Dieses Herausstreichen der Zusammengehörigkeit und des Verbundenseins durch gemeinsame Ziele nimmt ihrer Kritik die verletzende Schärfe. In einer antithetischen Wendung fasst sie zusammen, worauf es ihr ankommt: eben nicht um „Imperative und Schlagworte", sondern um die Suche nach **„differenzierten und speziellen Antworten"** (Z. 27 f.).

Gebrauch des Personalpronomens, Ironie

Gessner geht auch mit den **Eltern** ins Gericht, deren Perspektive sie als weiteres Beispiel für die Vordergründigkeit und Oberflächlichkeit des allgemeinen Konsenses über den Wert des Lesens anführt. Zwar seien Eltern vor allem mit Blick auf die Rechtschreibleistung der Schüler stets bereit, dem Lesen einen großen Stellenwert beizumessen, jedoch bemerke man bei näherem Hinsehen rasch, dass es im Leben der Eltern selbst keineswegs fest verankert sei. An dieser Stelle wird Gessner in ihrer Darstellung fast ein bisschen polemisch, wenn sie die geäußerte Besorgnis und die Klagen der Eltern über schlechte Rechtschreibleistungen und mangelnde Lesemotivation kontrastiert mit deren eigenen fadenscheinigen Ausflüchten, wieso sie selbst nicht lesen (Z. 38 f.). Gessner zeigt hier unterschwellig auch ihre **Verärgerung über die Ansprüche der Eltern**, die letztlich ihre erzieherische Verantwortung der Schule übertragen, wobei die Funktion von Schule auf die einer staatlichen Kontrollorganisation reduziert wird, die über den „Vollzug der Verordnung" (Z. 35) wacht.

Perspektive der Eltern

Polemik

Ihre Überzeugung, dass ein allgemeiner Appell an die Jugendlichen, mehr zu lesen, vor diesem Hintergrund mehr oder minder zwangsläufig ohne Wirkung bleiben muss (Z. 43 ff.), verdeutlicht Gessner abschließend durch ein Zitat des französischen Schriftstellers Daniel Pennac. Dieser nähert sich dem Problem aus grammatischer Sicht und kommt zu dem Schluss, dass das Verb „lesen" grundsätzlich nicht im Imperativ zu verwenden sei (Z. 46 ff.). Für Gessner sind sowohl solche Appelle als auch der Leistungsdruck in der Schule kontraproduktiv, aus ihrer Sicht müssen andere, **neue Wege** eingeschlagen werden, wenn die Förderung der Lesekompetenz in der Schule verbessert werden soll.

Autoritätszitat

Intention

Teilaufgabe 2

Einleitung: Erörterungsfragen Position der Autorin

„Lesekultur in der Schule – geht das überhaupt?“ Unter dieser provokativen Fragestellung befasst sich die Autorin kritisch mit der Frage, ob und wie die Schule dazu beitragen kann, die Lesemotivation und die Lesefähigkeit der Schüler zu befördern. Denn dass dort ein Mangel besteht, verdeutlicht sie gleich im ersten Absatz: Lesen sei für die meisten Jugendlichen uncool, bringe nichts – insgesamt bedeute es den Jugendlichen wenig, da für diese die Expertenschaft in Sachen Handy oder Computer weitaus wichtiger sei.

Für die Autorin liegt hier die Crux: Zwar werde einerseits die Bedeutung des Lesens ständig beschworen, aber es bleibe im Grunde bei Lippenbekenntnissen – weder im Leben der Eltern noch im Leben der Kinder nehme das Lesen einen zentralen Stellenwert ein, ja selbst den Lehrern mangele es an Überzeugungskraft.

kritische Auseinandersetzung mit der Argumentation: Verallgemeinerung

Meiner Ansicht nach verallgemeinert die Autorin in ihrer Argumentation allerdings viel zu stark.

Es mag ja sein, dass es Jugendliche gibt, die eine solche Abwehrhaltung gegenüber dem Lesen offensiv, vielleicht sogar stolz vor sich hertragen. Aber das gilt sicherlich nicht für alle, zumindest nicht für Schülerinnen und Schüler, die das Abitur anstreben. Auf meinem Bekanntenkreis trifft dies jedenfalls nicht zu – die meisten von uns lesen durchaus gern und viel, auch wenn der Tag durch Schule und Hobbys manchmal eng verplant ist. Nur: Wir **lesen** natürliche **andere Bücher** als die, die wir in der Schule behandeln – und die finden häufig genug vor den Augen Erwachsener, vor allem der Lehrer, keine Gnade.

Unterstellung

Auch die Position der Eltern wird von Elisabeth Gessner sehr plakativ dargestellt. Es ist doch eine Unterstellung, dass die Eltern dem Lesen keine ernsthafte Wertschätzung entgegenbringen. Die **Ansprüche der Autorin an die Vorbildfunktion der Eltern** erscheinen mir vielmehr **überzogen**. Zwar ist das Leseverhalten der Eltern erwiesenermaßen von großer Bedeutung für die Lesemotivation ihrer Kinder, aber man muss auch realistisch bleiben: Eltern können nicht alles leisten und nicht in jeder Hinsicht perfekt sein. Schließlich sind heutzutage oft beide Eltern berufstätig, da fehlt die Zeit für Hobbys und Muße. Wenn dann das Unkraut schon die Terrasse zu überwuchern droht, wird sich wohl kaum eine Mutter die ruhige Stunde gönnen, mit einem Buch in der Hand im Liegestuhl zu sitzen.

Entwicklung der eigenen Position

Im Grundsatz stimme ich der Autorin in ihrer Forderung nach einem Umdenken in der Schule dennoch zu. Etwas ändern sollte sich in der Schule, wenn die Motivation für das Lesen nicht vollends im Keim erstickt werden soll. Dabei sind nicht die Lehrer das Problem, die dem Lesen so eine große Bedeutung beimessen und dies, wie Frau Gessner kritisiert, angeblich nicht überzeugend begründen können. Ich denke, auch ohne lange Erläuterungen ist den meisten **Schülern** durchaus **bewusst, wie wichtig Lesen ist**. Diese Fähigkeit braucht man ja wirklich jeden Tag, z. B. wenn es darum geht, Informationen zu beschaffen, aber auch für alle Tätigkeiten am Computer – und natürlich für das Lesen von Büchern.

problematische Textauswahl

Viel schwerer zu vermitteln ist aus meiner Sicht die **Auswahl der Texte**, mit denen man als Schüler im Deutschunterricht konfrontiert wird. Sicherlich gehört es zur Allgemeinbildung, einen Überblick über verschiedene Epochen der Literaturgeschichte zu haben und dazu auch ausgewählte Werke bedeutender Autoren zu lesen. Allerdings muss ich als leidgeprüfte Schülerin kritisch anmerken, dass die Lehrer beim Literaturunterricht zuweilen in ihrer Vermittlungskunst versagen. Häufig erschließt sich den Schülern nur sehr bedingt, worin die herausragende Bedeutung eines Buches liegt, von Freude am Lesen oder Interesse an der Auseinandersetzung damit ganz zu schweigen. Ich erinnere mich an manche Unterrichtsstunde, in der ich, völlig entnervt und frustriert, sehnsüchtig auf das erlösende Klingeln wartete – und sich mir wirklich nicht einmal im Ansatz erschlossen hat, warum ich diesen oder jenen Text tatsächlich lesen musste.

Beleg: persönliche Erfahrungen

Dies gilt im Übrigen nicht nur für traditionelle Werke, sondern durchaus – und eigentlich noch viel mehr – für moderne. Als Beispiel könnte ich hier unsere Lektüre von Christian Krachts Roman „Faserland“ anführen, den wir alle eher gelangweilt, teils mit Unbehagen gelesen haben. Motivierend war das nicht – und ich wage auch zu bezweifeln, dass dieses Buch wirklich zu unserer Bildung beigetragen hat.

langweiliger Unterricht

Es ist auch nicht immer der Text selbst, der einem die Lust am Lesen verleidet. Selbst das beste Buch verliert an Reiz, wenn es wochenlang Unterrichtsgegenstand ist und dabei bis ins Detail auseinandergenommen, wieder und wieder diskutiert und in sämtliche denkbaren Richtungen gedeutet wird. „In der Kürze liege die Würze!“ möchte man als Schüler dann manchmal rufen. Denn es fragt sich doch, was eine solche **ausufernde Behandlung** eigentlich bezwecken soll. Einsichten werden da nicht mehr vertieft, weil man als Schüler schlichtweg abschaltet – und weil man auch irgendwann gar nicht mehr weiß, worum es jetzt gerade genau geht. Die Gattung? Die Epoche? Den Autor? Oder doch noch um die Protagonistin und ihr Liebesleid?

Definition: Lesekultur

Mit „Lesekultur“, um das Stichwort der Autorin aufzugreifen, hat das in meinen Augen nichts zu tun. Für mich verbindet sich dieser Begriff mit einer **bestimmten Haltung zum Lesen:** Freiwilligkeit, Interesse, aber auch Raum und Zeit zu lesen – innerhalb der Schule. Diesbezüglich stimme ich völlig mit Frau Gessner überein: Appelle und Leistungsdruck sind der falsche Weg, um Lesemotivation zu befördern. Hier muss man andere Formen finden. Ich

Beispiele

könnte mir zum Beispiel die Einrichtung eines Lesekreises vorstellen, in dem man – wie in einer AG – nachmittags zusammenkommt, sich gegenseitig Bücher vorstellt, einander vorliest, sich über Bücher austauscht, vielleicht auch Recherchen zu bestimmten Themen in der Literatur macht und sich – interessegeleitet – über Autoren und Epochen informiert.

Aber auch **im Unterricht** könnten die Lehrer einiges ändern. Es wäre viel besser, wenn man die Behandlung der einzelnen Texte im Unterricht nicht so ausdehnen, sondern **auf bestimmte Aspekte beschränken** würde. Damit würde der Zeitdruck gemindert, den alle ständig so beklagen – und vielleicht wäre dann sogar einmal Raum für Texte „außer der Reihe“, abseits von der Pflichtlektüre, an deren Auswahl man dann auch die Schüler mit beteiligen könnte.

Ziel der Veränderungen

Dies wäre sicherlich ein wichtiger Schritt und würde bestimmt dazu beitragen, dass Schüler zu dem werden, was sie werden sollen: gute, gebildete, glückliche Menschen – die gern lesen.

Aufgabenstellung

1. Analysieren Sie, wie der Autor Ulrich Greiner seine Position argumentativ entwickelt. Berücksichtigen Sie dabei auch ausgewählte sprachliche Mittel. (40 %)
2. Schreiben Sie einen Kommentar für eine Tageszeitung, in dem Sie sich ausgehend von Ulrich Greiners Position mit dem „Mythos Lesen“ auseinandersetzen. Wählen Sie eine geeignete Überschrift. (60 %)

Text

Mythos: Macht Lesen glücklich? Über einen verbreiteten Irrtum

VON ULRICH GREINER

Ums Lesen gibt es ein großes Gewese. Den Welttag des Buches haben wir hinter, den Vorlesetag (23. November) vor uns. Außerdem gibt es die Stiftung Lesen sowie manch andere ebenso philanthropische[1] wie geschäftsfördernde Einrichtung. Die Branche, die vom Lesen lebt (zu ihr gehört auch dieses Blatt), ist groß, und sie muss zusehen, dass ihr der Nachwuchs nicht ausgeht. Das ist legitim, aber man sollte nicht übertreiben.

Zunächst mal ist klar, dass diejenigen, die nicht lesen können, von Wissen und Bildung und damit von beruflichem Erfolg ausgeschlossen sind. Die Nachricht, dass 22 Prozent aller Deutschen in diesem Jahr noch kein einziges Buch gelesen haben, bestätigt die Vermutung, dass der Prozess der Marginalisierung[2] voranschreitet. Dagegen etwas zu tun ist notwendig. Aber wenn vom Lesen die Rede ist, dann meist im emphatischen Sinn. Da sind nicht Lehrbücher oder Handbücher gemeint, sondern die Werke der schönen Literatur, der Dichter und Denker. „Warum Lesen glücklich macht“ heißt ein Buch von Stefan Bollmann (Elisabeth Sandmann Verlag), und diese Behauptung ist irreführend. Wer liest, um glücklich zu werden, sollte es lieber lassen. Lesen ist, wie die Fähigkeit, Rad zu fahren oder den Computer zu benutzen, eine Kulturtechnik, man muss sie beherrschen, um in dieser Gesellschaft überleben zu können. Mit Glück hat sie nichts zu tun, eher im Gegenteil: Das dauerhafte, wahrhafte Glück besteht wahrscheinlich in der vollendeten Dummheit.

Erinnert sich jemand an Emma Bovary? Das Unglück dieser hübschen und selbstsüchtigen Frau in Flauberts Roman[3] beginnt damit, dass sie andauernd

Romane liest, die ihr Bild von der Wirklichkeit nachhaltig beschädigen. Auch der berühmte Ritter von der traurigen Gestalt, der Don Quijote des Cervantes[4], hat so viele Romane gelesen, dass er sich zum Gespött seiner Mitmenschen macht. Nun ist es sicherlich richtig, dass Frau Bovary und Herr Quijote nicht intelligent genug waren, um aus ihrer Lektüre die richtigen Schlüsse zu ziehen. Angenommen, sie wären dazu imstande gewesen: Es hätte ihnen nicht zum Glück verholfen. Und wir hätten zwei große Romane weniger.

Pablo Picasso: Don Quixote (1955)
Angeregt durch die Lektüre zahlreicher Ritterromane will Don Quijote selbst ein Ritter werden und besteht mit seinem Knappen Sancho Panza aberwitzige Abenteuer.

Die gern verbreitete These, Lesen im emphatischen Sinn führe zu größerer Weisheit und Einsicht und es wäre um die Welt besser bestellt, wenn die Staatsmänner und Wirtschaftslenker häufiger Hölderlin[5] läsen, ist unbeweisbar. Schaden würde es ihnen nicht, aber ob sie danach menschlicher und klüger entschieden, weiß man nicht. Marcel Reich-Ranicki[6] erzählte einmal, er habe seinen Augenarzt wechseln müssen. Der Mann habe ihn allzu oft mit der Kenntnis neuer Romane beeindrucken wollen, anstatt sich fachlich weiterzubilden.

Man sollte für das Lesen nicht mit falschen Versprechungen werben. Es vergrößert die geistige Reichweite. Zu Risiken und Nebenwirkungen fragen Sie Ihren Literaturkritiker.

Aus: DIE ZEIT, Nr. 44/2007

Zum Autor:
Ulrich Greiner ist ein bekannter Journalist und Literaturkritiker. Seit 1980 schreibt er für die ZEIT, u. a. als Feuilletonchef, als verantwortlicher Redakteur für das Literaturressort sowie als Herausgeber des Literaturmagazins der ZEIT.

Anmerkungen:
1 philanthropisch (gr.): menschenfreundlich
2 Marginalisierung: marginalisieren: ins Abseits schieben
3 „Madame Bovary": Roman des frz. Schriftstellers Gustave Flaubert (1821–1880)
4 „Don Quijote": Roman des span. Schriftstellers Miguel de Cervantes (1547–1616)
5 Friedrich Hölderlin (1770–1843): zählt zu den bedeutendsten deutschen Dichtern
6 Marcel Reich-Ranicki (1920–2013): sehr bekannter und seinerzeit einflussreicher deutscher Literaturkritiker

Musterlösung

Teilaufgabe 1

In dem am 24. 10. 2007 in der ZEIT erschienenen Text „Mythos: Macht Lesen glücklich?“ befasst sich Ulrich Greiner mit den seiner Ansicht nach unangemessenen Vorstellungen und Erwartungen, die mit dem Lesen verbunden werden. Er wählt dazu die Textform der **Glosse**, die es ihm ermöglicht, seine Position überspitzt und ironisch darzustellen.

Einleitung: Titel, Autor, Quelle, Thema

Der renommierte Feuilletonredakteur und Literaturkritiker Greiner verwehrt sich vor allem gegen die simplifizierende Auffassung, dass **Lesen** sozusagen **als Lebenshilfe** dienen und die Menschen „glücklich“ machen könne.

Position des Autors

Seine Position deutet Greiner bereits durch die Überschrift an, in der er die Frage, ob Lesen glücklich mache, von vornherein als „**Mythos**“ kennzeichnet. Mythen sind zunächst einmal überlieferte Dichtungen und Sagen aus der Vorzeit, die häufig das Wirken von Göttern oder Dämonen, die Entstehung der Welt und den Ursprung der Menschheit zum Thema haben und damit auch Auskunft geben über das Selbst- und Weltverständnis der Menschen. Im weiteren Sinne werden darunter aber auch Personen oder Begebenheiten verstanden, die aus nicht immer ersichtlichen Gründen verehrt und glorifiziert werden. Deswegen kann der Begriff „Mythos“ sogar zur Bezeichnung schlichtweg falscher Vorstellungen verwendet werden. So will Greiner offenbar auch die Erwartung, dass Lesen glücklich mache, verstanden wissen: Es handele sich dabei, so behauptet er im Untertitel **provozierend**, um einen „verbreiteten Irrtum“. Damit ist das Interesse des Lesers bereits geweckt, denn dass ein Literaturkritiker diese Haltung einnimmt, überrascht. Da man davon ausgehen kann, dass das Lesen und die Literatur integrativer Bestandteil nicht nur seiner beruflichen Tätigkeit, sondern auch seines Privatlebens sind, erwartet man unwillkürlich, dass er selbst es „beglückend“ findet, zu lesen, und es ihm ein Anliegen sein sollte, auch andere Menschen für das Lesen zu begeistern.

Überschrift: Erläuterung des Begriffs Mythos

Spiel mit Lesererwartungen

Doch auch in der Einleitung werden solche Erwartungen von Greiner bewusst enttäuscht. Zwar dient ihm die gesteigerte Aufmerksamkeit, die dem Lesen derzeit in der öffentlichen Diskussion geschenkt wird, als Ausgangspunkt seiner Überlegungen, für die er beispielhaft Aktionstage wie den Welttag des Buches, den Vorlesetag sowie die Stiftung Lesen anführt. Doch durch die Art der sprachlichen Darstellung verdeutlicht er seine **Skepsis** und seine **innere Distanz** gegenüber diesen Bemühungen, das Lesen zu fördern. So bezeichnet er die unternommenen Anstrengungen spöttisch als „großes Gewese“ (Z. 1), der damit verbundene erhebliche Aufwand (Welttag des Buches, Vorlesetag) wird

Einleitung der Glosse

argumentative Entwicklung: 1. Abwertung der Bemühungen, das Lesen zu fördern

durch die lakonische Auflistung (vgl. Z. 1 f.) ironisch kommentiert. Indem er die Stiftung Lesen antithetisch als „ebenso philanthropische wie geschäftsfördernde Einrichtung" (Z. 3 f.) charakterisiert, untergräbt er zudem ihre Autorität. Er unterstellt ihr und der ganzen „Branche, die vom Lesen lebt" (Z. 4), also auch der Zeitung DIE ZEIT, für die er selbst schreibt, im Grunde unlautere Motive, da es offenbar nur um **ökonomische Fragen** gehe: Um Arbeitsplätze zu erhalten, müssen die Produkte – Bücher, Zeitungen – verkauft werden, darum gilt es, Leser – also Käufer – zu werben. Allerdings verurteilt er dieses Gebaren nicht, sondern nimmt dazu eine sehr abgeklärte Haltung ein: Man solle es eben „nicht übertreiben" (Z. 6).

2. Differenzierung zwischen der Fähigkeit zu lesen und dem literarischen Lesen

Nachdem Greiner seine Leser solchermaßen irritiert hat, hebt er nun an, seine Position zu klären, und entwickelt im Folgenden eine differenziertere Sicht auf die Problematik, indem er zwischen der Fähigkeit zu lesen einerseits und dem literarischen Lesen andererseits unterscheidet.

Sehr sachlich und faktenbezogen legt er dar, welche konkrete und nachweisbare Funktion seiner Meinung nach der **Lesekompetenz** in unserer Gesellschaft zukommt: Diese sei unabdingbare **Voraussetzung für den Wissenserwerb** und damit das **berufliche Fortkommen**, sie sei, wie Greiner hervorhebt, eine lebenswichtige „Kulturtechnik" (Z. 18), die er mit Radfahren und PC-Kenntnissen vergleicht. Die Bedeutung des Lesens wird in dieser Hinsicht von Greiner also keinesfalls in Abrede gestellt. Im Gegenteil: Er unterstreicht, dass die Befunde zum nachlassenden Interesse am Lesen sehr besorgniserregend sind und Handlungsbedarf besteht – doch eben nur im Hinblick darauf, dass eine große Zahl von Menschen aufgrund mangelnder Lesefähigkeiten ins gesellschaftliche Abseits gedrängt wird.

3. Abwehr überzogener Erwartungen an Literatur als „Lebenshilfe"

Als unangemessen und **überzogen** wertet er jedoch die **Erwartungen, die an das Lesen von Literatur geknüpft werden**. Der von ihm zitierte Buchtitel „Warum Lesen glücklich macht" (Z. 14), ist dabei für diese Haltung exemplarisch: So verstanden soll Lesen auf direktem Wege zum persönlichen Glück verhelfen. Sehr entschieden weist Greiner einen solchen Anspruch zurück und behauptet polemisierend, dass „das dauerhafte, wahrhafte Glück [...] wahrscheinlich in der vollendeten Dummheit" (Z. 19 f.) bestehe. Da dem Lesen gemeinhin bildende Funktion zugesprochen wird, so kann man im Umkehrschluss folgern, müsste es demnach eher unglücklich machen.

Gegenthese/ ironische Zuspitzung: Lesen macht unglücklich, weil es bildet

Beispiele aus der Weltliteratur

Als Beispiele führt er zwei Figuren der Weltliteratur an, für die das Lesen von Literatur eine große Rolle spielt, die aber aufgrund ihrer Lektüre keineswegs das Glück finden. Ironisch überspitzt führt Greiner das „Unglück" der **Emma Bovary** vielmehr darauf zurück, „dass sie andauernd Romane liest, die ihr Bild von der Wirklichkeit nachhaltig beschädigen" (Z. 22 ff.), und auch **Don**

Quijote wird durch seine Romanlektüre nur dazu verleitet, sich „zum Gespött seiner Mitmenschen" (Z. 28f.) zu machen. Demnach müsste vor dem Lesen von Literatur gewarnt werden, es scheint geradezu glücksgefährdend zu sein.

Adressatenbezug

Die Beispiele sind von Greiner mit Bedacht gewählt: Darüber, dass Flauberts „Madame Bovary" und Miguel de Cervantes' „Don Quijote" zu den bedeutenden Werken der Weltliteratur gehören, besteht kein Zweifel. Da sich DIE ZEIT an ein **gebildetes Publikum** wendet, kann Greiner davon ausgehen, dass beide Werke bei seiner Leserschaft bekannt sind – und für viele sicherlich selbstverständlich zum literarischen Kanon gehören, also zu den Büchern, deren Lektüre nach einem traditionellen Verständnis von Bildung unabdingbar ist, ohne dass damit der Anspruch verknüpft wäre, eine Art Lebenshilfe durch Literatur zu erhalten.

4. Unterscheidung literarische Bildung vs. lebenspraktische Orientierungshilfe

Eine so verstandene (literarische) Bildung entzieht sich einer Vereinnahmung durch Zweckorientierung. Dieser Bildungsbegriff, der vorrangig auf die Entwicklung der Persönlichkeit und die Erweiterung der ästhetischen Wahrnehmung zielt, wird hier also einem utilitaristischen, ausschließlich auf den Nutzen ausgerichteten Blick auf das Lesen gegenübergestellt, den der Literaturkenner und -liebhaber Greiner vehement ablehnt. Er macht deutlich, dass lebenspraktische Orientierungshilfen sowie eine **moralische Besserung von literarischen Werken nicht zu erwarten** sind, da berufliches Handeln und das Lebensglück durch andere Maßgaben bestimmt werden als durch Einsichten aus der Lektüre von Literatur, und er veranschaulicht diese Überzeugung mit einer Anekdote des bekannten Literaturkritikers Marcel Reich-Ranicki: Der Augenarzt, der sich Reich-Ranicki gegenüber lieber mit der Kenntnis von Romanen hervortat, als seine Kenntnisse in seinem Fachgebiet zu erweitern, verlor das Vertrauen seines Patienten (vgl. Z. 45ff.).

Position Greiners: Veranschaulichung durch Anekdote

Resümee

Abschließend stellt Greiner seine Position noch einmal pointiert dar. Er bleibt dabei im Bildbereich der Medizin, indem er den aus der Werbung für Medikamente bekannten Werbeslogan „Zu Risiken und Nebenwirkungen fragen Sie Ihren Arzt oder Apotheker" variiert (vgl. Z. 49f.). Den **Bildungswert des literarischen Lesens**, die Vergrößerung der „geistige[n] Reichweite" (Z. 49), erkennt er fraglos an, er will es aber keineswegs als praktisches und nützliches „Allheilmittel" zur Bewältigung des Alltags verstanden wissen.

Teilaufgabe 2

Man kann niemanden zu seinem Glück zwingen

Bezug zum Text: Zitat

„Wer liest, um glücklich zu werden, sollte es lieber lassen" spöttelt Ulrich Greiner, und kommentiert bissig die Versprechungen und Verheißungen, mit denen verschiedene Organisationen das Lesen von Literatur fördern wollen. Dies aus dem Munde eines renommierten Feuilletonredakteurs zu hören, mag erstaunen, doch im Grunde hat er Recht.

Kritik an überzogenen Erwartungen an das Lesen von Literatur

Wenn man nicht unterstellen will, dass hier schlicht die Verlagsbranche mit großem Werbeaufwand um ihr Überleben kämpft, muss doch die Frage erlaubt sein, was man sich von all den Maßnahmen zur Leseförderung eigentlich verspricht. Schaut man sich an, mit welchem Enthusiasmus Eltern, Lehrer und gern auch Politiker gerade Jugendlichen das Lesen schmackhaft zu machen versuchen, offenbart sich rasch des Pudels Kern. Anscheinend ist die Überzeugung immer noch weit verbreitet, dass **gute Bücher uns irgendwie zu besseren Menschen machen** – moralischer, klüger, glücklicher eben. Doch wird hier das Potenzial von Literatur nicht überschätzt?

Verweis auf Vorbehalte gegen die Verbreitung des Lesens im 18. Jh.

Bezug zum Text: Beispiele

Zunächst sollte man sich vor Augen führen, dass der Glaube an die segensreichen Auswirkungen von Literatur weiß Gott nicht in Stein gemeißelt ist. In früheren Zeiten wurde das Lesen keineswegs immer als sinnvolle Freizeitbeschäftigung gesehen, ganz im Gegenteil. Mit großer Sorge wurde die mit der Verbreitung der Lesefähigkeit im 18. Jahrhundert aufkommende **„Lesesucht"** betrachtet, die auch vor den Frauen nicht Halt machte. Man befürchtete den Verfall von Sitte und Moral – Emma Bovary mit ihrer Leidenschaft für das Lesen von Liebesromanen könnte hier als warnendes Beispiel dienen. Auch Cervantes' Roman „Don Qijote" war eine Reaktion auf den „Hype" um Ritterromane, deren übermäßiger Konsum möglicherweise als ebenso hirnerweichend gesehen wurde wie heute die übermäßige Nutzung der Playstation.

moralische Besserung durch Literatur als Ideal der Klassik

Gegen die Befürchtung, durch Lesen geschädigt zu werden, wurde schließlich die Vorstellung propagiert, dass Literatur sich positiv auf die Charakterbildung auswirke. Hinter dieser Überzeugung, die auch heute noch in vielen Köpfen weiterlebt, steht das **humanistische Ideal** der Klassik. Friedrich Schiller hat mit seinem Konzept einer ästhetischen Erziehung die Behauptung aufgestellt, man könne durch Kunst Werte vermitteln und den Menschen ethischer machen. Und auch Wilhelm von Humboldt wollte nichts Geringeres, als dass der Mensch sich durch die Entfaltung seiner Geistesanlagen selbst vervollkommne. Haben sich diese Theorien bewährt? Erreicht der Belesene, der literarisch Gebildete einen höheren moralischen Level? Die jüngste Geschichte lehrt uns leider, dass höhere Bildung keineswegs zu einem Mehr an Humanität und Toleranz führen muss. Der deutsch-jüdische Literaturkritiker Marcel Reich-Ranicki erzählt in seiner Autobiografie „Mein Leben“ von seiner existenziellen Erschütterung darüber, dass das sogenannte „Volk der Dichter und Denker“ unter der NS-Herrschaft so barbarisch und unmenschlich handeln konnte.

Differenzierung zwischen Lesern anspruchsvoller Literatur und Konsumenten der Unterhaltungsliteratur

Zudem bezieht sich die Idee einer literarischen Bildung nicht auf Literatur generell. Die segensreichen Auswirkungen schrieb man vornehmlich **der anspruchsvollen Literatur** zu, die ohnehin immer nur von einem ausgesuchten Kreis bildungsbeflissener Bürger rezipiert wurde. Daran hat sich nicht viel geändert, es gibt sie durchaus noch, die wahrhaft Literaturinteressierten, also diejenigen – wie im Übrigen wohl auch Greiner selbst –, denen die Auseinandersetzung mit Literatur ein Grundbedürfnis ist. Darunter finden sich sicher viele Leser der ZEIT. Für diese Leserkreise mag es durchaus zutreffend sein, dass die Lektüre eines guten Buches glücklich macht und zum allgemeinen Wohlbefinden beiträgt.

positive Auswirkungen von Lesen: Horizonterweiterung

Ganz sicher vergrößert Lesen „die **geistige Reichweite**“, wie Ulrich Greiner feststellt. Man hat die Möglichkeit, in Geschichten abzutauchen, sich virtuell in andere Rollen hineinzudenken, sich in literarische Figuren einzufühlen und den eigenen Horizont zu erweitern. Man kann sich in Robinson Crusoes Einsamkeit auf der Insel hineindenken, sich durch die unheimlichen Erlebnisse von Kafkas Protagonisten verstören lassen oder mit den großen Romanen Tolstojs und Dostojewskis die untergegangene Welt des zaristischen Russland kennenlernen und zugleich zeitlose menschliche Konflikte miterleben. Zweifellos: Literatur kann bereichern.

Lesen als Luxus

Zugleich ist das ungestörte Lesen, die Möglichkeit, sich ganz einer Geschichte zu widmen, auch eine Form des **Luxus**. Man gönnt sich die Muße, sich in ein Buch zu versenken und den Alltag mit seinen Pflichten und Forderungen zumindest kurzzeitig zu verdrängen. Für viele Leser mag das Glück sein. Doch lässt sich hier ein Patentrezept für alle ableiten? Kann dieser Weg zum Glück Allgemeingültigkeit beanspruchen?

Glücksempfinden subjektiv verschieden

Tatsächlich sind die **Wege zum Glück** so **verschieden** und vielfältig wie die Vorstellungen vom Glück. Fans von Computerspielen möchten Geschichten nicht lesen, sondern sehen, aktiv mitspielen und dabei – z. B. beim Spielen eines der sogenannten Ego-Shooter-Spiele – selber Held der Story sein. Es ist – Welttag des Buches hin oder her – kaum davon auszugehen, dass sie es als Glück empfinden würden, wenn man ihnen statt Joystick und „World of Warcraft“ einen dicken Wälzer zur Lektüre anempfehlen würde, und sei es auch noch so ein spannendes Stück Weltliteratur wie Bram Stokers „Dracula“. Wer wäre so naiv zu glauben, dass sich mit Aktionen zur Leseförderung tatsächlich Nicht-Leser bekehren ließen? Oder dass man gar durch plakative Behauptungen wie „Lesen macht glücklich“ die in virtuellen Welten verirrten Schäfchen wieder einfangen könnte? Mit griffigen Slogans mag man bestimmten Produkten oder Discountern nachhaltig zu größerer Beliebtheit verhelfen.

differenziertes Urteil

Mit dem Lesen sieht es etwas anders aus: **Lesen kann glücklich machen, muss es aber nicht!**

Denken wir doch an das noch allseits bekannte Märchen vom „Hans im Glück“: Ob der Besitz des großen Goldklumpens als großes Glück empfunden wird, hängt stark von der Perspektive des Betrachters ab. Wer, wie Hans, nicht recht weiß, was man mit dem Stück Literatur tun soll, freut sich, wenn er die Last los ist – auch wenn eingefleischte Leser die Hände ringen.

Bezug zum Text: Überschrift

Man kann eben niemanden zu seinem Glück zwingen.

Aufgabenstellung

1. Analysieren Sie, wie die Autorin ihre Position argumentativ entwickelt. Berücksichtigen Sie dabei auch ausgewählte sprachliche Mittel. (40 %)
2. Erörtern Sie die Position der Autorin zur Bedeutung von Literatur und Lesen in der heutigen Gesellschaft. (60 %)

Text

Setz einen Frosch auf einen Stuhl

VON HANNELORE SCHLAFFER

Man sollte sich nichts vormachen: Die große Literatur gehört nicht mehr zur Gegenwart

Es gilt als ausgemacht, dass das Vergnügen am Lesen abnimmt. Der Grund dafür liegt, so meint man, auf der Hand: es sind die digitalen Kommunikationsmittel – sie sollen es dahingebracht haben, dass heute, auf die Gesamtheit der Bevölkerung umgerechnet, mehr gelesen, mehr geschrieben wird denn je. Doch ist Internetnutzung eine Handlung, die auf praktische und vorübergehende Wirkungen zielt – anders als das klassische Buch, das dauerhafte Erlebnisse und Gedächtnisstoffe überliefert. Deshalb lässt sich nicht eigentlich der Untergang des Lesens und Sich-Informierens durch Buchstaben beklagen, sondern das Erlöschen einer großen Liebe, der Liebe zum Buch, und mit ihm das Verschwinden einer Existenzform: der *vita contemplativa*[1], in der das Buch ein Freund war.

Seit gelesen wird, gehört die vergangene Literatur zur Leseübung; Lesen überhaupt gewinnt erst seine Autorität durch Namen, die seit Jahrhunderten gelten. Wenn heute akademische und pädagogische Projekte zur „Kompetenzmodellierung" erforschen, wie die „Kulturtechnik Lesen" am geschicktesten an Schüler und Studenten zu vermitteln sei, bleibt deshalb, selbst wenn die Eleven[2] befähigt werden sollen, sich im Alltagsleben zu orientieren, das Lernziel am Ideal eines solch kontemplativen Lesens ausgerichtet. Die Anstrengung, die Lesekompetenz zu schulen, übersieht aber, dass Lesen noch nie nur eine „Kompetenz" war, sondern ein Lebensstil, der in einer spezifischen Umgebung gedeiht. Das Ambiente jedoch, in dem ausdauerndes und emphatisches Lesen entstehen konnte, war längst im Wandel begriffen, ehe der Siegeszug der Neuen Medien einsetzte.

Während sich in der Pisa-Studie mangelnde Lesekompetenz an Beipackzetteln für Medikamente erweist, bemerken Professoren der geisteswissenschaftlichen Fächer eine tiefergehende Unlust zu lesen an ihren Studenten. Schon 1994 beklagte der amerikanische Dozent und Essayist Sven Birkerts in seinem Buch Gutenberg-Elegien seine Misserfolge, Studenten Werke der vergangenen Literatur zugänglich zu machen. „Es war, als seien noch die letzten Lebensgeister aus ihnen herausgepumpt", nicht einmal mehr zum Widerstand gegen die Lektüre hätten sie sich aufraffen können, nur „schlechtgelaunte Apathie" sei ihm entgegengeschlagen. Birkerts und alle seine Kollegen von einst und heute erproben ihre Verführungskünste an jungen Leuten, von denen nur wenige noch von zu Hause aus mit klassischen Werken bekannt gemacht werden.

In der bewegungs- und reiselustigen Gesellschaft von heute bleibt wenig Muße zum Umgang mit diesem altmodischen und zeitraubenden Objekt. Zudem schleusen Eltern ihre Kinder, in der Angst, eine geniale Anlage unentdeckt zu lassen, durch ein Erziehungsprogramm, das sie mit allen Sparten von Sport und Kunst in Berührung bringt, dies überförderte Wesen aber am wenigsten ans Lesen erinnert.

Das Buch tritt daher viel bescheidener auf als früher, als man ihm noch ansehen konnte, dass Lesen Luxus ist. Wo wären die gepunzten[3] Ledereinbände, auf deren Rücken sich die Autoren durch goldgeprägte Namen als Autorität zu erkennen geben? Sartres[4] Großvater liebte das „Knacken" der stramm gebundenen und fadengehefteten Bände, und sein Enkel „hörte" das Buch, ehe er lesen konnte. Er nahm die Bände, „roch daran, betastete sie, öffnete sie nachlässig und ließ sie knacken". Ein solches sinnliches Erlebnis, das Auge, Hand, Nase beschäftigt, verspricht die Stapelware in heutigen Buchhandlungen nicht mehr. Die Pappbände, alle mit einem Cover im selben Stil, zeichnen sich durch keine Individualität aus, für die man sie „körperlich" lieben könnte.

[…]

Man muss den „Muttermund" nicht so doppeldeutig verstehen wie der Kulturwissenschaftler Friedrich Kittler in seinen „Aufschreibesystemen" (1985), um zu begreifen, wie prägend die mündliche Erzählung der Mutter ist. Die Märchen-CDs, die eilige Berufstätige ans Bett des Kindes stellen, können diese leibliche Erfahrung von Literatur nicht ersetzen. Früher verkörperte sich die Neigung zum Buch meist in einer Person aus der Kindheit, sei diese ein lesendes Vorbild oder ein strenger Vater, der die Bücher unter Verschluss hielt, so dass sich die Leidenschaft fürs Buch gerade aus dem Verbot zu lesen entwickelte. Leselust gedeiht in klausnerischer[5] Einsamkeit entweder als Akt der Verehrung oder des Aufstandes. Dass sich jugendlicher Mut mit dem Lesen verbände, ist undenkbar in einer Zeit, in der Bücher Allerweltsgeschenke sind, die mit pädagogischer Aufdringlichkeit überreicht werden.

Es besteht ein Zusammenhang zwischen der heutigen Einstellung zum Buch und jener zum Alter. Ein Großvater, der die Fingerfertigkeit seines Enkels auf dem PC bestaunt, verbürgt ihm nicht die ewige Gültigkeit der Lektüre von Goethe und Schiller, und der junge Mann in der S-Bahn, der den Alten auf wackeligen Beinen stehen lässt, weil er ihn beschämte, wenn er ihm seinen Platz anböte, kann an die Autorität von Alter und Vergangenheit nicht glauben. Nun war es aber nicht nur die bürgerliche Familie, die ihre Kinder auf die Lektüre klassischer Werke vorbereitete. Für die Gesellschaft, die sich zur „besseren" erklärte, war Lektüre ein Mittel der Distinktion[6]. Die Kenntnis der großen Autoren bewies die eigene Zugehörigkeit zu einer großen Tradition. Auf Denkmäler gehoben, waren zudem die Dichter in den Städten als Bürger von einst gegenwärtig. Freundeskreise bildeten sich, von Klopstock[7] bis Joyce[8], um Dichternamen. In seinem Buch „Muttersohn" (2011) stattet Martin Walser den Helden Arno mit Verehrung für Arno Schmidt aus, dem letzten wohl, zu dem eine lesende Jugend sich bekannte: „Arno Schmidt war für ihn ein Ausdrucksmittel. Was er selbst sagen wollte, aber nicht sagen konnte, sagte er mit Arno Schmidt."

Wenn gleich auf nicht ganz so emphatische Weise wie in den Kreisen literaturbegeisterter Jünglinge verband das Dichterwort die Gesellschaft. Das klassische Zitat, Erbe des Bibelwortes, war das Sprichwort der Gebildeten, es gehörte in jede Festrede, zu jedem Geburtstag, in jeden Stammtischwitz und in jede gelehrte Vorlesung. Von seiner Mutter berichtet Ernst Jünger[9]: „Sie kannte den Faust auswendig und konnte ein Gespräch mit Zitaten bestreiten – was damals nicht selten war." „Geflügelte Worte" nannte 1864 Georg Büchmann den Zitatenschatz, mit dessen Hilfe sich die Sprache aus der Banalität des Alltags erhob.

Es gehört zum Stil der heutigen demokratischen Gesellschaft, Reichtum, und sei es den Reichtum der Bildung, nicht zur Schau zu stellen. Wenn der Großvater nicht mehr vom „weisen Salomo" oder „langen Laban" spricht, die Braut nicht in „Paradiesesbetten" schlummert, die Schülerin sich am Morgen nicht mit „Johanna geht, und nimmer kehrt sie wieder" verabschiedet und ihren Klassenkameradinnen kein Poesiealbum herumreicht, in das sich die Freundinnen mit frommen oder poetischen Sprüchen verewigen sollen, dann hat auch der „Zitatencrösus" nicht mit einem Epigramm Wilhelm Müllers zu protzen und seine Mitmenschen abzuwerten: „Setz einen Frosch auf einen weißen Stuhl/Er hüpft doch wieder in den schwarzen Pfuhl." Das Zitat diente eben nicht nur dem Schmuck der Rede, es fasste Erfahrungen in gedrängte Kürze, zeichnete aus und fällte Urteile. Das Zutrauen zu prägnant formulierten Lebensregeln aber ist geschwunden in einer Gesellschaft, die sich unentwegt neuen Technologien und Verhaltensweisen anpassen muss. [...]

Aus: Süddeutsche Zeitung vom 10. Mai 2012

Anmerkungen:

1 vita contemplativa (lat.): das dem Nachdenken und Überlegen gewidmete Leben, im Gegensatz zur vita activa
2 Eleven (lat.-frz.): Schüler
3 gepunzt: geprägt
4 Jean Paul Sarte (1905–1980): französischer Philosoph und Schriftsteller
5 Klausner: Einsiedler
6 Distinktion: Auszeichnung, Abgrenzung
7 Friedrich Gottlieb Klopstock (1774–1803): deutscher Dichter, Vertreter der Empfindsamkeit
8 James Joyce (1882–1941): irischer Schriftsteller
9 Ernst Jünger (1895–1998): deutscher Schriftsteller

Musterlösung

Teilaufgabe 1

Der Essay „Setz einen Frosch auf einen Stuhl" von Hannelore Schlaffer ist 2012 in der Süddeutschen Zeitung erschienen. Die Autorin setzt sich darin mit der Frage auseinander, welche Bedeutung der Literatur in unserer Zeit zukommt. Sie gelangt zu dem Schluss, dass das Lesen von **Literatur** in der heutigen Gesellschaft im Grunde nur noch einen **marginalen Stellenwert** hat. Aus ihrer Sicht erklärt sich dies durch den gesellschaftlichen Wandel.

Einleitung: Autor Titel Textart Thema

Ausgangspunkt ihrer Überlegungen ist dabei die allgemeine Überzeugung, dass die Freude am Lesen abgenommen habe. Schlaffer differenziert hier zunächst, indem sie betont, dass im Zuge der Nutzung der neuen Medien letztlich „mehr gelesen, mehr geschrieben wird denn je" (Z. 4). Doch bestehe ein zentraler Unterschied zwischen dieser Art des Lesens und dem literarischen Lesen, bei dem es nicht um das Lesen zu Zwecken der Informationsverarbeitung gehe, sondern um die „**Liebe zum Buch**" (Z. 9), also zur Literatur, und damit zugleich – so Schlaffer – um eine **Lebenshaltung**, einen Lebensstil, die „vita contemplativa" (Z. 10).

chronologische Analyse

Schlaffer stellt so einen Gegensatz auf zwischen praxisorientiertem, zweckgebundenem Lesen einerseits und dem literarischen Lesen zur persönlichen Erbauung andererseits, wobei sie dem Lesen von Literatur eindeutig den Vorrang einräumt. Erst durch dieses „ausdauernde und emphatische Lesen" (Z. 21 f.) exemplarischer Werke der literarischen Tradition erhalte das Lesen „Autorität" (Z. 13). Demgegenüber werden der Begriff der „Lesekompetenz" sowie die damit verbundenen Vorstellungen vom Lesen von Schlaffer abgewertet und lächerlich gemacht, wenn sie beispielsweise anführt, dass die Lesekompetenz im Rahmen der Pisa-Studie am Lesen von „Beipackzetteln für Medikamente" (Z. 24 f.) nachgewiesen wurde.

zweckgebundenes vs. literarisches Lesen

Abwertung

Dass die Lust am Lesen allgemein abnehme, ist laut Schlaffer schon seit Längerem beobachtbar. Als Beleg dafür führt sie ein Zitat eines amerikanischen Dozenten an, der sich schon 1994 über die mangelnde Lesemotivation seiner Studenten beklagte (Z. 26 ff.).

mangelnde Lesemotivation
Autoritätsargument

Schlaffer erklärt die Resistenz der Studenten gegenüber den „Verführungskünsten[n]" (Z. 33) der Literaturwissenschaftler durch das **gesellschaftliche Umfeld**, in dem sie aufwachsen und in dem die Begegnung mit „klassischen Werken" (Z. 34) nicht mehr stattfinde.

Veränderungen im gesellschaftlichen Umfeld

Ein zentraler Grund ist dabei aus Sicht der Verfasserin, dass es **an „Muße" fehlt**. Da in der „bewegungs- und reiselustigen Gesellschaft von heute"

(Z. 36) Zeit ein wertvolles Gut ist, muss eine zeitintensive Tätigkeit wie das Lesen fast als Anachronismus erscheinen. Ironisierend wird das Buch deshalb als „altmodisch" und „zeitraubend" bezeichnet (Z. 37).

Ironie

Dass dies aus ihrer Sicht eine Fehlentwicklung ist, verdeutlicht sie durch die ironische Kommentierung der Erziehungsbemühungen von Eltern, die in ihrem übertriebenen Ehrgeiz ihre Kinder möglichst früh in vielfacher Hinsicht zu fördern suchen und diese dabei so überfordern und verplanen, dass für das Lesen kein Raum mehr bleibt.

Lesen als Luxus

Im Gegensatz zu diesem Getriebensein stellt die Autorin das Lesen als Luxus dar. Sie veranschaulicht dies durch ein Zitat des französischen Philosophen Sartre, der sich daran erinnert, wie sein Großvater bereits das Anfassen und Öffnen eines Buches als Genuss empfunden habe, und sie konfrontiert dieses „sinnliche Erlebnis", das mit der Lektüre eines aufwändig eingebundenen Buches verbunden sei, mit der Präsentation von Büchern als „Stapelware in heutigen Buchhandlungen" (Z. 48 ff.). Das **Buch** erscheint in ihrer Darstellung geradezu **als lebendiges Wesen**, wenn Schlaffer mit erkennbarem Bedauern feststellt, dass es diesen „Pappbände[n]" an „Individualität" fehle und man sie deshalb nicht „körperlich" lieben könne (Z. 50 f.).

Veranschaulichung

Personifizierung

Lesesozialisation

Diesen Verlust von „leibliche[r] Erfahrung von Literatur" (Z. 57) beklagt Schlaffer auch in anderer Hinsicht. So prangert sie an, dass das Lesen seinen **Platz im Familienleben verloren** habe. Kindern werde häufig nicht mehr von den Eltern vorgelesen, sondern sie würden stattdessen Märchen-CDs hören, ein lesendes Vorbild fehle in der Regel. Auch diesen Wandel bringt Schlaffer mit der Hektik und Schnelllebigkeit der heutigen Gesellschaft in Verbindung, wenn sie von den „eilige[n] Berufstätige[n]" spricht (Z. 56). Die Ernsthaftigkeit des Lesens, die **prägende und persönlichkeitsbildende Erfahrung** der Auseinandersetzung mit Literatur werde von Kindern nicht mehr erlebt, Bücher seien nur mehr „Allerweltsgeschenke […], die mit pädagogischer Aufdringlichkeit überreicht werden" (Z. 63 f.).

Wertewandel

Für Schlaffer ist der veränderte Stellenwert des Lesens letztlich auch durch einen gesellschaftlichen Wertewandel begründet, nämlich den **Verlust der „Autorität von Alter und Vergangenheit"** (Z. 70). Dies verdeutlicht sie durch eine Analogie: So wie auch dem Alter letztlich kein Respekt mehr erwiesen werde, da es vor allem mit dem Nachlassen geistiger und körperlicher Fähigkeiten in Verbindung gebracht werde, werde auch das Buch als Zeugnis der Vergangenheit nicht mehr geachtet.

Analogie

Dass diese Entwicklung sich nicht nur auf die bürgerliche Familie beschränkt, sondern ein **gesellschaftliches Phänomen** ist, verdeutlicht Schlaffer im nächsten Absatz.

Stellenwert der Literatur in früheren Zeiten

So sei Lektüre in den gehobenen Kreisen stets „**Mittel der Distinktion**" gewesen, indem man durch die Kenntnis bedeutender Autoren und Werke seine „Zugehörigkeit zu einer großen Tradition" bewiesen habe (Z. 74). Diese, so betont Schlaffer, sei zudem ganz anders im Alltag verankert gewesen. Als Beispiele dafür führt sie die Denkmäler an, die für Dichter errichtet wurden, die Freundeskreise, die sich aufgrund der gemeinsamen Begeisterung für einen bestimmten Dichter zusammenfanden, vor allem aber die Allgegenwärtigkeit der Literatur in Form klassischer Zitate. Deren Kenntnis sei selbstverständlich gewesen, da diese als „Sprichwort der Gebildeten" (Z. 84) in Reden, Vorlesungen, aber auch in Witzen stets präsent gewesen seien. Sie belegt dies durch ein Zitat des Schriftstellers Ernst Jünger, der sich daran erinnert, dass seine Mutter den „Faust" auswendig kannte und sogar ein ganzes Gespräch mit Zitaten bestreiten konnte. Schlaffers Bedauern darüber, dass dies heute äußerst unüblich ist, wird deutlich, als sie anmerkt, dass die Sprache sich mittels literarischer Zitate „aus der Banalität des Alltags" habe erheben können (Z. 89 f.).

Beispiele

Autoritätszitat

Zusammenhang zwischen gesellschaftlichem Wandel und Bedeutungsverlust der Literatur

Die Autorin sieht eindeutig einen Zusammenhang zwischen den heutigen gesellschaftlichen Bedingungen und dem Verlust der Bedeutung von Literaturkenntnis. So gehöre es nicht zum Stil einer demokratischen Gesellschaft, „Reichtum, und sei es Reichtum der Bildung […] zur Schau zu stellen" (Z. 91 f.). Zudem erfordere die **Schnelligkeit des gesellschaftlichen Wandels** ein Maß an Flexibilität und Anpassungsfähigkeit der Menschen, damit solche „prägnant formulierten Lebensregeln", wie sie Zitate häufig darstellen, nicht mehr als Orientierungshilfe empfunden würden (Z. 102 f.).

Adressatenorientierung

Doch geht damit aus ihrer Sicht auch eine Form der **Verarmung** einher, indem die literarische Tradition in Vergessenheit gerät. Schlaffer verdeutlicht dies virtuos durch eine Reihe von **Bibelworten** und **Zitaten** aus der Literatur, mit denen Alltagssituationen kommentiert werden können. Damit stellt die Autorin nicht nur ihre eigene Literaturkenntnis unter Beweis, sondern wendet sich an ihre gebildete Leserschaft, mit der sie sich letztlich – bei allem rationalen Verständnis für die veränderte gesellschaftliche Situation – einig weiß, wenn sie das schon in der Überschrift zitierte Epigramm Wilhelm Müllers anführt, das den ungehobelten und ungebildeten Mitmenschen abwertet: „Setz einen Frosch auf einen weißen Stuhl / Er hüpft doch wieder in den schwarzen Pfuhl." (Z. 99 f.)

Intention der Autorin

So erklärt die Autorin den Verlust der Lesefreude und die schwindende Bedeutung von Literatur zwar einerseits als mehr oder minder unvermeidliche Begleiterscheinung des gesellschaftlichen Wandels, zugleich lässt sie aber auch durchscheinen, dass für sie selbst – und wohl auch für die Leserschaft, an die sie sich als Feuilletonautorin der Süddeutschen Zeitung richtet – Bildung durchaus noch immer ein Mittel der Distinktion ist.

Teilaufgabe 2

Einleitung: Bezugstext Erörterungsfrage Position der Autorin

Welchen Stellenwert hat das Lesen von Literatur in der heutigen Gesellschaft? Mit dieser Frage befasst sich Hannelore Schlaffer in ihrem Essay „Setz einen Frosch auf einen weißen Stuhl" und zieht eine ernüchternde Bilanz: Die „große Literatur" habe ihren Platz in der Gesellschaft verloren, unwiderruflich, wie es scheint. Der Gedankengang, den die Autorin entwickelt, ist klar und stringent. Die gesellschaftlichen Rahmenbedingungen haben sich geändert, es mangelt in unserer hektischen und schnelllebigen Zeit an Muße für das Lesen. So fehlt schon in der Kindheit die wichtige Einführung in die Welt der Literatur durch die Eltern. Diese sind viel zu beschäftigt mit beruflichen Pflichten, zu getrieben von ihren Ansprüchen an sich selbst und an ihre Kinder, als dass sie sich den Luxus gönnen könnten, einfach nur ein Buch zu lesen, ganz ohne erklärten Sinn und Zweck. Die Folge ist eine Gesellschaft, die den Anschluss an ihre eigene kulturelle Tradition verliert – letztlich eine **verarmte**, **von Zweckrationalismus und Pragmatismus geprägte Gesellschaft**.

Dies, so Schlaffer, war „früher" einmal völlig anders: Da waren die Dichter und Denker sowie ihre geflügelten Worte allgegenwärtig und gaben den Menschen Geleit durch alle Wirren des Lebens – Menschen, die offenbar problemlos dem Luxus des Lesens frönen und sich an kostspielig eingebundenen Büchern erfreuen konnten.

kritische Überprüfung der Argumentation

Da stutzt der geneigte Leser und wüsste gern genauer, von **welcher Zeit** und **welchen Menschen** hier die Rede ist. Wen hat Schlaffer vor Augen?

Es ist, wie sie selbst anführt, die „bessere" Gesellschaft, für die Belesenheit zum Mittel der Distinktion, also der Abgrenzung – vor allem wohl nach unten! – diente. Das von der Autorin gezeichnete Familien- und Bildungsideal lässt sich recht passgenau dem **gehobenen Bürgertum des 19. Jahrhunderts** zuordnen. So muss also zunächst einschränkend angemerkt werden, dass die von der Autorin dargestellte Wertschätzung der Literatur in der Vergangenheit sich letztlich nur auf einen bestimmten Ausschnitt der Gesellschaft beschränkte. Wer wäre so naiv zu glauben, dass auch die Köchin, die Näherin und die Waschfrau zu Hause ihre Kinder mit den klassischen Werken vertraut gemacht hätten? Ihnen wird es an Muße gemangelt haben, sich diesen Luxus zu gönnen – ganz abgesehen von den beschränkten Möglichkeiten für Angehörige unterer Schichten, überhaupt Zugang zu Bildung zu bekommen.

1. verallgemeinernde Darstellung

2. verengter Literaturbegriff

Interessant ist weiterhin, welche Art von Literatur hier laut der Autorin in aller Munde war. Natürlich ist von Goethes „Faust" die Rede, zuverlässig wird auch Schiller angeführt – alles Weitere wäre dann offenbar in Büchmanns

Zitatenschatz nachzulesen. Wenn Schlaffer also vom „klassischen" Zitat spricht, welches das Sprichwort des Gebildeten gewesen sei, dann kann man dies auch einigermaßen wörtlich nehmen: Abgesehen von der Bibel sind es vor allem die **Werke der Klassik**, deren Kenntnis gesellschaftlich anerkannt war – Autoren wie Lenz, Büchner oder Heine wurden vermutlich weniger gern zitiert. Hier liegt also ein **recht enges Verständnis von Literatur** vor.

3. oberflächliches Literaturverständnis

Und da gerade von Verständnis die Rede ist: Welche Art von Literaturverständnis wird eigentlich präsentiert, wenn schon der Stammtischwitz mit einem Goethezitat aus der „Banalität des Alltags" gehoben wird? Als wie profund ist die Belesenheit der besseren (!) Gesellschaft einzuschätzen, wenn im Zweifelsfall das passende Zitat im Handbuch der „Geflügelten Worte" rasch zu finden ist? Tatsächlich ist diese Art von Literaturkenntnis, die da zur Schau gestellt wird, doch nicht als „Reichtum der Bildung" zu verstehen. Es ist nicht mehr als ein Deckmäntelchen, unter dem sich die Borniertheit und **Selbstzufriedenheit** derer verbirgt, die eben durch Geburt das Glück hatten, dazuzugehören und privilegiert zu sein.

Überleitung: Entwicklung einer Gegenposition

Ob das die Funktion ist, die Literatur in der Gesellschaft zukommen sollte, darf stark bezweifelt werden. Hier liegt doch eher ein Missbrauch von Werken vor, die eigentlich zur Selbsterkenntnis, zur Persönlichkeitsbildung, zur kritischen Reflexion bestehender Verhältnisse anregen sollten – und nicht zur Selbstvergewisserung und zur **Ausgrenzung und Abwehr anders denkender oder sozial benachteiligter Menschen**.

Wenn also heute diese Art von floskelhaftem Zitatengebrauch aus dem Alltag verschwunden ist, so muss das sicherlich nicht als Verarmung gesehen werden. Wie die Autorin selbst anmerkt, hat ein gesellschaftlicher Wandel stattgefunden. Mit den Grundsätzen einer **demokratischen Gesellschaft**, in der alle Menschen gleichberechtigt sind, ist eine Form der „Distinktion", die etwa im Bildungsbürgertum des 19. Jahrhunderts als selbstverständlich und unabdingbar empfunden wurde, nicht mehr vereinbar.

1. gesellschaftlicher Wandel

Stattdessen gilt es noch einmal, die Frage nach der Bedeutung von Literatur und Lesen in unserer Gesellschaft einer kritischen Reflexion zu unterziehen.

2. allgemeines Recht auf Bildung

Wir leben in einer Gesellschaft, in der **so viele Menschen Zugang zu Bildung** haben **wie nie zuvor**. Zumindest vom Grundsatz her stehen jedem Einzelnen alle Möglichkeiten offen, den Bildungsgrad bzw. den Beruf seiner Wahl anzustreben und seine persönlichen Lebensziele zu verwirklichen. Das Abitur und die akademische Bildung sind längst nicht mehr das Privileg einiger weniger – mehr als 30 Prozent aller Schülerinnen und Schüler schließen ihre Schullaufbahn mit dem Abitur ab und können ein Studium aufnehmen. Das bedeutet in der Folge natürlich auch, dass auf vielen gehobenen Posten und in zahlreichen akademischen Berufen jetzt Menschen arbeiten, die keinen bildungsbürgerlichen Hintergrund haben und deren Zugang zu Literatur tatsächlich von Kindheit an ein anderer war als der, den die Autorin als Idealbild entwirft.

3. Kritik am konservativen Bildungsverständnis

Doch bedeutet das ja nicht, dass nicht mehr gelesen wird. Im Gegenteil: Der **Buchmarkt boomt**. Jährlich erscheinen unzählige Titel, und auch der Trend zum E-Book lässt sich wohl kaum so deuten, dass das Buch gestorben ist. Nun werden zugegebenermaßen vergleichsweise wenige Menschen in ihrer Freizeit Goethe und Schiller lesen. Muss das aber zwangsläufig heißen, dass diesen Menschen Literatur nichts mehr bedeutet? Sind sie als „Frösche" abzuurteilen, denen es an Bildung mangelt? Oder ist hier nicht das konservative, elitäre Bildungsverständnis kritisch zu hinterfragen, das in den Ausführungen der Autorin durchscheint?

Zusammenfassung: Neubewertung der von der Autorin kritisierten Aspekte

Die *vita contemplativa*, deren Verschwinden Frau Schlaffer beklagt, war stets nur das Privileg einiger weniger, die meisten Menschen gehörten und gehören tatsächlich zu den eiligen Berufstätigen. Man könnte deshalb das Erziehungsverhalten der Eltern, die bei der Autorin so in der Kritik stehen, auch positiv bewerten: Wie schön, dass diese trotz aller Belastungen dafür Sorge tragen, dass ihre Kinder bestmöglichst ausgebildet werden und ihren Platz einnehmen können in einer Gesellschaft, in der dank der digitalen Kommunikationsmittel mehr gelesen und mehr geschrieben wird denn je.

Themenfeld „Sprache“

Wenn ein Passagier in einer Berliner U-Bahn in sein Handy sagt: „Ich bin Alexanderplatz“ und seinem Gesprächspartner damit offenbar mitteilen will, wo er sich gerade befindet, oder auf dem Münchner Marienplatz jemand ruft: „A Gaudi is!“, um seiner guten Stimmung Ausdruck zu verleihen, so lässt sich über beide Sprechakte sagen, dass sie nicht der Standardsprache entsprechen und für manchen Zuhörer schwer oder nicht verständlich sind. Dennoch lassen sich diese und ähnliche Äußerungen in der Realität beobachten. Missverständnisse lösen auch manche Werbeslogans aus, wenn sie mit englischen Wörtern Kunden ansprechen wollen, die dieser Sprache nicht mächtig sind. In diese Reihe von Erlebnissen gehört auch so manche SMS oder E-Mail mit ihren verkürzten Sätzen und für Außenstehende unverständlichen Zeichen („lol“).

Problemaufriss

Die in den Beispielen angerissenen **Phänomene der Gegenwartssprache** haben in den letzten Jahren verstärkt eine Debatte ausgelöst, die weit über das Interesse von Linguisten hinausgeht, die sich dem Gegenstand wissenschaftlich nähern. Einige feuilletonistische Sprachkritiker – wie Bastian Sick – konnten Säle mit unterhaltsamen Abendprogrammen füllen, ihre Bücher standen auf Bestsellerlisten und viele Menschen ereifern sich bei der negativen Bewertung solcher Abweichungen von einem korrekten, standardsprachlichen Hochdeutsch.

zentrale Frage

Die **zentrale Frage**, um die sich alle Bewertungen drehen, lautet: Sind die beobachtbaren Abwandlungen des korrekten Sprachgebrauchs, die Veränderungen in der Gegenwartssprache, ein Zeichen für den **Verfall der deutschen Sprache** oder wird nur ein sozusagen historisch immer schon existierender **Sprachwandel** sichtbar?

sprachhistorische Dimension

Sprachwissenschaftler beschreiben die deutsche Gegenwartssprache als komplexes System, das sich sprachhistorisch im 17. und 18. Jahrhundert während des Entstehungsprozesses eines um Bildung bemühten Bürgertums entwickelt hat. Die allmähliche Herausbildung einer gemeinsamen deutschen Hochsprache spiegelt sozusagen auf der kulturellen Ebene das Bemühen um eine Identität als Deutsche wider in einer Zeit, in der Kleinstaaterei und Regionalismus dominierten.

Der gesellschaftlich und politisch beherrschende Stand des Adels pflegte die französische Sprache. Die adligen Kinder wurden von Kindesbeinen an durch Hauslehrer unterrichtet und sprachen in vielen Fällen eher ein verfeinertes Französisch als ein differenziertes Deutsch. Die akademisch Gebildeten und der Klerus konnten sich aufgrund ihrer altsprachlich-humanistischen Bildung in Latein verständigen. Die deutsche Sprache war lange Zeit den Bauern und einfachen Bürgern vorbehalten. So ist es verständlich, dass mit der Aufklärung und dem Aufkommen demokratischer Bewegungen eine bewusste

Hinwendung zur deutschen Sprache in der Literatur und auf der Theaterbühne zu beobachten war. Die revolutionären Forderungen des 19. Jahrhunderts zielten auf einen demokratisch verfassten deutschen Nationalstaat, und die gemeinsame **deutsche Sprache** war ein **wichtiges Element nationaler Identität**.

Varietäten und Lekte

Aus wissenschaftlicher Sicht gab es zu keiner Zeit „die" deutsche Sprache schlechthin. Sprache gliederte sich zu allen Zeiten in ein vielgestaltiges System, in dem die Hochsprache – auch Standardsprache genannt – von vielen Untergliederungen begleitet wird: den sogenannten **Varietäten**. Die Sprachvarietäten werden auch **„Lekte"** genannt – in Anlehnung an das Suffix „-lekt" in dem Begriff Dia-lekt.

Die **Sprachvarietäten** unterscheiden sich durch sprachliche Merkmale, die sich im Wesentlichen durch die verschiedenen, sozial geprägten Bedingungen der Gesprächssituation ausbilden: So sprechen Menschen, die im ländlichen Raum aufwachsen, mit ihren Nachbarn und dortigen Verwandten im Dialekt, verfügen aber zugleich in anderen Zusammenhängen – in der Schule, im Beruf, bei der telefonischen Abklärung einer Angelegenheit mit einem nicht näher bekannten Gesprächsteilnehmer – über ein korrektes Hochdeutsch. In gleicher Weise kann ein Ingenieur darüber hinaus auch eine technische Fachsprache verstehen und anwenden, ohne dass er das aktive Verfügen über die früher erworbenen Sprachvarietäten verliert.

Schema in Anlehnung an ein Modell von Helmut Henne

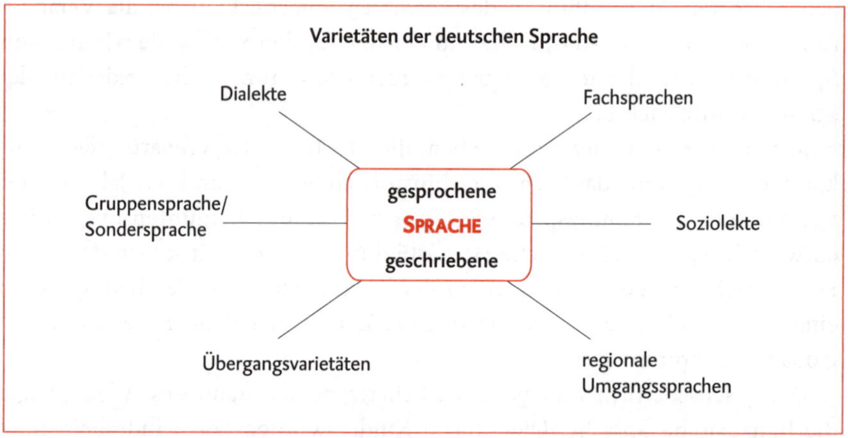

innere Mehrsprachigkeit

In diesem Sinne sprechen die Linguisten davon, dass jeder Sprecher über eine **„innere Mehrsprachigkeit"** verfügt. Damit ist das Phänomen gemeint, dass jeder von uns in Sekundenschnelle von einer Sprachebene auf eine andere umschalten kann und dabei beiden Kommunikationsanforderungen jeweils vollauf gerecht wird. Ohne Weiteres antwortet z. B. ein Schüler auf eine komplexe Lehrerfrage in perfekter Hochsprache oder gar mit korrekten fachsprachlichen Begriffen, während er sich anschließend umdreht und seiner Mitschülerin in dialektaler oder umgangssprachlicher Form eine unschöne Bemerkung zuwirft.

Abzugrenzen von diesem Begriff ist die „äußere Mehrsprachigkeit", mit der die jeweiligen Fremdsprachenkenntnisse erfasst werden.

Aus der Begegnung, ja der engen Umschlingung von fremden Sprachen in unserer Zeit, in der viele Menschen aus unterschiedlichen Sprachräumen aus sozialen, touristischen oder auch ökonomischen Gründen intensiv miteinander kommunizieren, erwachsen besondere Probleme. So sind nicht nur Kinder mit Migrationshintergrund besonderen Herausforderungen ausgesetzt, sondern auch jeder Verbraucher sucht nach Orientierung in der globalisierten, vielgestaltigen Warenwelt mit ihren häufig eigenartigen Bezeichnungen. Vor allem die englische Sprache ist in unserer Alltagswelt, in den Medien, der Werbekultur, der Musik allgegenwärtig und führt zu gelegentlich absonderlichen Verschmelzungen. Wenn dann davon gesprochen wird, dass Dateien „gedownloadet" werden, schmerzt es den Sprachschützer, denn hier wird ein englisches Wort in die Regularien der deutschen Grammatik eingezwängt, ohne seinen Ursprung zu verleugnen. Dieses Phänomen ist mit einem Etikett versehen worden: **Denglisch**! Mit Verweis auf die Globalisierungsprozesse, die eine so starke Adaption von Wörtern und Wendungen aus der Weltsprache Englisch erst hervorgerufen haben, spricht man auch von **„Globalesisch"**. Andere weisen an dieser Stelle darauf hin, dass es in der deutschen Sprache seit Jahrhunderten eine Aufnahme von Lehnwörtern gebe, ohne dass dieselbe in ihren Regeln und ihrer Präzision gelitten habe. Niemand störe sich heute an Wörtern wie „Portemonnaie" – ärgerlich sei nur, dass man sich die richtige Schreibweise nicht so leicht merken könne.

Denglisch

Globalesisch

Dennoch stellt sich das Problem neu: So ist die semantische Dimension, die Bedeutung dessen, was „Portemonnaie" meint, allen Sprechern der deutschen Sprache klar. Bei der Berufsbezeichnung „Sales Manager" oder auch so manchem Werbeslogan wie „stimulate your senses" können sich jedoch schnell Missverständnisse und ein Unverständnis ergeben. Sprache soll doch vor allem der Verständigung dienen und diese Funktion kann nur erfüllt werden, wenn Sprecher und Hörer die Mitteilungen zuverlässig übermitteln und empfangen können.

„Sprachpuristen"

Während „Sprachpuristen" (so werden die engagierten Sprachschützer ironisierend bezeichnet) für ein Eindämmen der Anglizismen plädieren und Unterstützung im politischen Raum suchen und erhalten (Forderung nach

Verankerung des Bekenntnisses zur deutschen Sprache im GG?

Verankerung des Bekenntnisses zur deutschen Sprache im Grundgesetz), plädieren bekannte Sprachwissenschaftler und Feuilletonisten für Gelassenheit. Der Journalist und Germanist Dieter E. Zimmer hat sich zu dem Phänomen „Neuanglodeutsch" mit einer hilfreichen These geäußert, die geeignet ist, eine Orientierung im Meinungsstreit zu geben: „Eine Sprache ist dann beschädigt, wenn das höchst komplexe, einzigartige Regelsystem, das sie darstellt, in Frage gestellt ist und sich aufzulösen beginnt"[2]. Zimmer weist darauf hin, dass viele der Ergänzungen des Wortschatzes (Lexikon) eine Bereicherung darstellen, da sie eine semantische Differenz ausdrückten, die sonst umschrieben werden müsste („Team" meint etwas anderes als „Mannschaft"; „scannen" ist pointierter als „abbilden"). Er wendet sich aus diesen Gründen auch entschieden gegen die Forderung der Sprachschützer, Fremdwörter einzudeutschen.

Fremdwörter als Bereicherung

Probleme stellen sich in seinen Augen jedoch dort, wo sich die Leihwörter aus fremden Sprachen grammatisch nicht integrieren lassen (Beispiel: „trendy Klamotten", „geupdatetes Material"). Wenn der **„Tiefencode" der Sprache** – vor allem Syntax, Konjugation und Deklination – tangiert wird, sodass die sprachliche Intuition der Sprecher nachhaltig irritiert wird und niemand mehr sicher ist, welche Formulierung nun das richtige Deutsch darstellt, dann endet auch für Zimmer die Toleranz. Solche ungrammatischen Übernahmen müssen nach seiner Meinung als fehlerhaftes Schreiben und Sprechen eindeutig markiert werden.

Tiefencode der Sprache

Verstöße gegen die Grammatik der deutschen Sprache kommen auch in denjenigen Varietäten zum Ausdruck, die von Menschen gesprochen werden, die in einer Sprache aus dem arabischen und türkischen Raum aufgewachsen sind. **„Übergangsvarietäten"** nennt diese Sprachformen die Linguistik, der aus der Türkei stammende Schriftsteller Feridun Zaimoglu hat die Bezeichnung **„Kanak Sprak"** eingeführt[3]. Dabei ist zu beachten, dass die im Original rassistische, abfällige Bezeichnung „Kanaken" für die Migranten aus dem türkisch-arabischen Raum auf dem Wege einer Umwertung eingesetzt wird, um das eigene Selbstbewusstsein in Abgrenzung von der Mehrheitsgesellschaft zum Ausdruck zu bringen – vergleichbar der Bürgerrechtsbewegung in den USA, bei der die farbigen Bürger das Schmähwort „Nigger" ebenfalls in kämpferischer Absicht okkupierten.

Übergangsvarietät

Kanak Sprak

Mit dem Hinweis auf die Hip-Hop-Kultur und auf erfolgreiche Comedian-Auftritte wird von einigen Autoren behauptet, diese Sprache besitze eine be-

2 Dieter E. Zimmer: Deutsch und anders – die Sprache im Modernisierungsfieber, Hamburg 1998, S. 52 ff.

3 Feridun Zaimoglu: Kanak Sprak. 24 Misstöne vom Rande der Gesellschaft, Berlin 1995

sondere Kreativität und sei geeignet, gleichberechtigt neben den anderen Varietäten als eigenständige Subsprache zu gelten. Ihre Kennzeichen liegen in einer veränderten Verbstellung, rudimentärer Deklination und Konjugation und insbesondere in der Verwendung von Nominalen ohne Präposition und Artikel. Hinzu kommt eine gekonnte Integration von türkisch-arabischstämmigen Vokabeln in den deutschen Wortschatz.

Kritiker – wie der Linguist Helmut Glück[4] – weisen die These vom hohen Innovationspotenzial zurück und betonen das Defizitäre an jener Sprache, die überaus fehlerhaft und gebrochen daherkomme. Eine Anerkennung als wertzuschätzende Variante setze falsche Signale. Nicht Anerkennung, sondern Überwindung einer solchen „Übergangsvarietät" sei das Gebot der Stunde, wenn den meist jugendlichen Sprechern nicht auf Dauer der Zugang zu beruflichen Ausbildungswegen versperrt bleiben solle.

Dativ statt Genitiv

Tendenzen des Sprachwandels

Doch auch jenseits dieser besonderen Varietäten finden schleichend ungrammatische Wendungen und Formulierungen Eingang in offizielle Sprachebenen. Schon länger kämpfen der **Genitiv** („Der Dativ ist dem Genitiv sein Tod.") sowie der korrekte **Konjunktiv** („Wenn ich Tausend Euro gewinnen würde, würde ich viel Gutes tun.") um ihr Überleben jenseits einer akademischen Welt und jenseits der Welt der seriösen Nachrichten und überregionalen Zeitungen. Und es gibt neue Tendenzen: Die **Verballhornung des Passivs** („Ich bekomme geholfen" statt „Mir wird geholfen") und die **Hauptsatzstellung der Satzteile in Nebensätzen mit „weil"** („Ich muss jetzt gehen, weil ich komme sonst zu spät nach Hause.") gehören dazu. Viele Sprecher haben überdies Probleme mit der **Konjugation**. Ob es in der Vergangenheitsform „backte" oder „buk" heißt – in dieser Frage haben sehr viele Menschen kein sicheres Sprachgefühl mehr. Sprachwissenschaftler verweisen im Hinblick auf das letzte Beispiel darauf, dass es seit Jahrhunderten bereits zu beobachten sei, dass die „schwach gebeugten" Verben die „stark gebeugten" zurückdrängen. Vielleicht heißt es als Konsequenz dieser Tendenz in nicht allzu ferner Zukunft nicht mehr „er half mir", sondern „er helfte mir".

Doch wie ist es zu erklären, dass sich im Kernbestand der Sprache überhaupt Veränderungsprozesse bemerkbar machen? Sprachwissenschaftler wie Rudi Keller[5] weisen darauf hin, dass die Sprache ein lebendiger Mechanismus sei, der soziale und kulturelle Veränderungen wie ein Seismograph aufnehme und widerspiegele. Sprache sei eingebettet in soziales Handeln und werde

4 Helmut Glück: Sachtemang mit det Kiezdeutsch, FAZ, 4.4.2012
5 Keller, Rudi: Sprachwandel. Von der unsichtbaren Hand in der Sprache. 3. durchgesehene Auflage. Tübingen/Basel 1990/2003.

durch menschliches (Sprach-)Handeln geformt. Er hat eine anschauliche Theorie zum Sprachwandel vorgelegt:

Rudi Keller: Modell der Trampelpfade

Jede Veränderung beginnt nach seiner Ansicht mit einem Regelbruch, der zu Beginn aus der Motivation herrühren mag, sich vom Hergebrachten abzugrenzen. Nach und nach werde dieser Regelbruch durch Nachahmung (und Verbreiterung der Gruppe, die sich in dieser Weise sprachlich absetzt) zu einem häufig beobachteten Phänomen. Keller verwendet zur Veranschaulichung das **Bild der Trampelpfade**, die entstehen, wenn auf einem großen Wiesengelände zwischen verschiedenen Gebäuden Menschen hin und her gehen und dabei Abkürzungen zu den markierten Wegen suchen und finden. Der Einzelne verhalte sich dabei unreflektiert, spontan und seinem subjektiven Gefühl oder Zeitinteresse gemäß, aber viele Einzelne, die gleiche Abkürzungen nützten, trampelten neue und andere Pfade, als der Architekt sie ursprünglich vorgesehen habe. Im Ergebnis wandelten sich diese Pfade schließlich zu neuen Wegen. Sprache, so sagt Rudi Keller, entstehe und verändere sich als ein Gemeinschaftswerk der Sprecher, ohne dass jemand sie lenke, sie entstehe wie von einer „unsichtbaren Hand“ geleitet.

So gesehen stellt der Sprachwandel eine unabgeschlossene Geschichte mit vielen Überraschungen dar, die zugleich immer wieder heftige Diskussionen auslösen wird.

Aufgabenstellung

1. Analysieren Sie, wie die Autorin ihre Position argumentativ entwickelt. Berücksichtigen Sie dabei auch die sprachliche Gestaltung. (40 %)
2. Erörtern Sie ausgehend von Ihren Analyseergebnissen die Position der Verfasserin. (60 %)

Text

Der denglische Patient

VON AGELIKI IKONOMIDIS

Die Anglomanie[1] ist eine Krankheit. Einst kam sie über den großen Teich, unter anderem eingeschleppt von ITlern und Global Playern. Seitdem verbreiten sich fremdländische Erreger bevorzugt dort, wo unsere Abwehr geschwächt und die Anfälligkeit hoch ist, zum Beispiel in Branchen mit entsprechender Disposition. Über erste Anzeichen, mittelgradige Beeinträchtigungen und den manifesten Morbus Denglisch[2] berichtet dieser Beitrag.

Das Deutsche leidet an einem schleichenden Zersetzungsprozess im fortgeschrittenen Stadium, bedenkt man, wie sehr es von Anglizismen durchwuchert ist, welchen Stellenwert sie in Fach- und Produktsprachen einnehmen, welche allgemeine Verbreitung sie haben und welche generationsübergreifende Popularität sie genießen. Vielfach resultiert eine sprachliche Beliebigkeit mit Wort- und Textmissbildungen, die nicht nur die englischen Ursprungsbegriffe verunstalten, sondern das Deutsche obendrein, so zum Beispiel beim Kundenzenter oder beim File, das gedownloaded wird – klare (An-)Fälle von Morbus Denglisch.

Eine Begleiterscheinung der Anglomanie ist der Kleinwuchs englischer Substantive in deutschen Texten. Begünstigt durch den Informationsaustausch mittels elektronischer Medien hat er schlagartig um sich gegriffen. Bei SMS, E-Mail und Chat kommt der Kleinwuchs denen zupass, die bevorzugt alles klein tippen, weil ihre innere Unruhe sie zu ständiger Eile treibt oder ihre Feinmotorik Aversionen[3] gegen die Hochstelltaste hegt […].

Englische Substantive sind ein Risikofaktor, der nicht zu unterschätzen ist, da sie neben dem Kleinwuchs vielerlei krankhafte Symptome hervorrufen. Dazu zählt auch die innere Gespaltenheit. Das Deutsche liebt starke Wortverbindungen, was sich in einzigartiger Weise bei zusammengesetzten Substantiven zeigt, denken wir nur an das Fichtelgebirgsseilschwebebahnbergstationstoilettenaufsichtspersonal. Der Grundsatz des Zusammenschreibens gilt in deutschen Texten – anders als im Englischen – generell auch für die englischen Zusammensetzungen, so zum Beispiel bei Compactdisc oder Pureserver (jeweils dt. Hauptform). Im Gegensatz zu den meisten englischen Zusammensetzungen lassen speziell diese Wörter sich im Deutschen auch getrennt schreiben (dt. Nebenform: Compact Disc, Pure Server), weil sie mit einem Adjektiv beginnen, die Betonung nicht ausschließlich auf dem ersten Glied liegt und das englische Ursprungswort sich ebenfalls getrennt schreibt.

Eine häufige Störung beim Morbus Denglisch ist die Abgeschlagenheit, verursacht durch einen Parasiten, der sich im Umfeld von Substantiven ansiedelt und zunächst englische Wörter gnadenlos verstümmelt: der Apostroph (auch apostrophus apostrophus bzw. apostrophus typographicus), weshalb man auch vielfach von Apostrophitis[4] spricht. Motiviert durch die englische Originalschreibung (siehe User's Guide) sucht sich der Apostroph im deutschen Textumfeld seine Wirte bevorzugt beim Genitiv englischer Substantive (siehe zum Beispiel die Dauer des Backup's). Da der Genitiv aber aufgrund der bereits oben beschriebenen Mobilitätseinschränkungen immer seltener wird, muss sich der Apostroph neu orientieren und befällt zunehmend Pluralformen im Nominativ (Bit's und Byte's). Besonders aggressive Apostrophtypen greifen inzwischen sogar auf deutsche Substantive und Eigennamen über, und zwar bei Einzahl- und Mehrzahlformen gleichermaßen. Das kann dann so aussehen: Aufgrund des ganzen Klimbim's sieht es in Kurt's Küche aus wie bei Hempel's unterm Sofa [...].

Der Morbus Denglisch ist heimtückisch. Er verkauft uns nicht nur englische-deutsche Mutationen als very british oder real american, sondern jubelt uns vermeintlich deutsche Ausdrücke unter, die nichts weiter sind als schlechte Kopien englischer Originale. Und so krankt das Deutsche an einem Identitätsverlust, der keinen Sinn ergibt und erst recht keinen macht (siehe to make sense). Denn unsere Sprache hat einen ausreichenden Fundus an eigenen Ausdrücken und bedarf eigentlich keiner fremden Hilfe – nicht wirklich (siehe not really).

Leider zieht der beschriebene Identitätsverlust auch unser Sprachzentrum in Mitleidenschaft. Es kommt zu einem partiellen Gedächtnisschwund mit begleitenden Ausfallerscheinungen, sodass wir uns an bestimmte deutsche Wörter nicht mehr erinnern können und diese in Folge auch nicht mehr verwenden. Vor allem beim Übersetzen englischer Texte erliegt die deutsche Wortvielfalt der englischen Gleichmacherei. So wird beispielsweise aus dem englischen activity (dt.: Handlung, Tätigkeit, Aktivität) das deutsche Universalwort Aktivität und aus physical (dt.: körperlich, physisch, physikalisch) der Einfachheit halber immer physikalisch. Daran manifestiert sich, dass der Morbus Denglisch in der Regel mit einem reduzierten Allgemeinzustand korreliert [...].

Aus: Technische Kommunikation, 2/2010, S. 37 ff. (gekürzt)

Zur Autorin:
Die Verfasserin schreibt als freie Autorin und Journalistin zu vielen Themen, unter anderem zu Fragen der „Schreibkunst".

Anmerkungen
1 Anglomanie: abwertende Bezeichnung für das Phänomen, dass häufig Anglizismen verwendet werden
2 Morbus Denglisch: Kunstwort, ironisierend: Morbus (lat.) bedeutet Krankheit; Denglisch wird zusammengesetzt (Kofferwort) aus den Wörtern „Deutsch" und „Englisch"
3 Aversionen (Pl.): Widerwille, starke Abneigung
4 Apostrophitis (lat.): Endsilbe „-itis" verweist auf den medizinischen Bereich (Entzündung); polemische Bezeichnung für das Phänomen der häufigen, normwidrigen Verwendung des Apostrophs

Teilaufgabe 1

Analysieren Sie, wie die Autorin ihre Position argumentativ entwickelt. Berücksichtigen Sie dabei auch die sprachliche Gestaltung.

Überschrift / Verfasser / Quelle / Erster Eindruck

1. Schritt

Betrachten Sie Titel und Quelle, lesen Sie den ersten Absatz des Artikels und notieren Sie Ihren Eindruck zu folgenden Fragen:

- **a** Was erfahren Sie über das Thema des Artikels?
- **b** Was erfahren Sie über die Autorin und die Textquelle?
- **c** An wen richtet sich der Artikel?
- **d** Was bedeutet „denglisch" und was soll im gegebenen Zusammenhang die Formulierung „der denglische Patient"?
- **e** In welchem Ton sind Titel und Anfang geschrieben?

2. Schritt **Gliederung des Gedankengangs / Erfassen der Position des Autors → Aktiv lesen!**

Nach dem ersten Eindruck sollten Sie den Artikel noch einmal gründlich lesen und dabei in Abschnitte unterteilen:

- Markieren Sie den Text „kreativ“, indem Sie unterschiedliche Unterstreichungen (einfach, doppelt, geschlängelt oder unterschiedliche Farbmarker) einsetzen, um zentrale Aussagen, Thesen und Argumente, Schlüsselwörter, Ober- und Unterbegriffe zu kennzeichnen.
- Fassen Sie den Inhalt der Abschnitte am Rand mit einem knappen Satz zusammen.

a Gliedern Sie den Text und verfassen Sie zu den einzelnen Abschnitten eine kurze Zusammenfassung (zwei bis drei Sätze). Worum geht es genau in der Passage?

b Schreiben Sie einen knappen Abstract zu dem Artikel.

c Überlegen Sie, welche der folgenden Aussagen die Position der Verfasserin wiedergeben. Belegen Sie Ihre Einschätzung am Text.

1. Ageliki Ikonomidis will die verbreitete Anglisierung der deutschen Sprache ironisch kommentieren.
2. Die Verfasserin kritisiert die Übernahmen aus dem Englischen, da sie bei den Sprechern der deutschen Sprache zu sprachlichen Unkorrektheiten und einer Verunsicherung des Sprachgefühls führt.
3. Die Verfasserin betrachtet vor allem die komischen Effekte, die sich bei vielen Übernahmen aus dem Englischen ergeben.
4. Sie sieht in den vielen Anglizismen vor allem eine Modewelle, die wie eine Krankheit kommt und auch wieder vergeht.

Begründen Sie Ihre Wahl mit Verweisen auf Textaussagen:

---

3. Schritt **Sprachliche Analyse**

- Welche sprachlichen Mittel setzt die Autorin ein?
- Welche Wirkung erzielen diese Mittel beim Leser?
- Warum möchte die Autorin diese Wirkung erzielen? Was ist ihre Absicht?

Finden Sie selbstständig Belege für folgende Gestaltungsmittel und klären Sie deren Funktion und Wirkung. Fügen Sie gegebenenfalls noch weitere Mittel hinzu, die Ihnen aufgefallen sind. (Bei der Vorbereitung einer schriftlichen Analyse würden Sie diese Notizen am Rand festhalten.)

Gestaltungsmittel	Textstelle, ggf. Zitat	Funktion / Wirkung
Wendungen und Fachbegriffe aus dem Wortfeld „Krankheit“		
Weitere ironische Wendungen jenseits des Wortfeldes „Krankheit“		
Fachbegriffe aus anderen Kontexten		
Wortneuschöpfungen		
Wortspielereien		
Metaphern		
ausdrucksstarke Verben und Adjektive		
Verwendung von Personalpronomen		

Gesamteinschätzung der Stilebene und des argumentativen Aufbaus

Stilebene	
Argumentationsgang	
Form der Positionierung	

4. Schritt **Erstellen eines Schreibplans**

- Einleitung (Autorin, Titel, Textart, Thema)
- Position und Anliegen der Verfasserin, wichtigstes Argument
- Darstellung des Argumentationsgangs im Zusammenhang mit der Benennung und Deutung auffälliger sprachlicher Gestaltungsmittel
- Schluss: knappe Zusammenfassung der Intention der Autorin

Teilaufgabe 2

Erörtern Sie ausgehend von Ihren Analyseergebnissen die Position der Verfasserin.

5. Schritt **Klärung des Themas der Erörterung**

Klären Sie zuerst, was man von Ihnen verlangt:

- Läuft die Aufgabe auf eine Entscheidungsfrage hinaus (Zustimmung/Ablehnung) oder geht es um eine Reflexion eines Sachverhaltes?
- Auf welchem Aspekt soll der Schwerpunkt der Erörterung liegen?
- Muss ich viel Wissen mit einbringen, das außerhalb des Textes liegt?
- Habe ich zu der Frage auf Anhieb einen eigenen Standpunkt? Wie verhält sich dieser zur Position der Autorin?

Klärung der eigenen Position

6. Schritt

Klären Sie, wie Sie zu der Position der Autorin stehen.

Überprüfen Sie zunächst, ob Sie ihren Argumenten und Thesen zustimmen, indem Sie folgende Fragen beantworten:

- Trifft es zu, dass die deutsche Sprache einem „schleichenden Zersetzungsprozess" ausgesetzt ist? Was genau meinen die Begriffe „Zersetzungsprozess'" oder „Identitätsverlust"?
- Führen die vielen Übernahmen aus dem Englischen tatsächlich zu einer Verkümmerung des deutschen Wortschatzes?
- Erhöhen sich die Probleme der Orthografie durch die beschriebenen Überlagerungen von deutscher und englischer Schreibweise?

Überlegen Sie, welche Aspekte des Themas in der Erörterung eingebunden werden sollten:

- Welche Positionen und Argumentationen, die im Unterricht behandelt wurden, beziehen sich explizit auf das angesprochene Thema?

Formulierung und Gliederung der Argumente

7. Schritt

Die Notizen zu den Vorüberlegungen sind die Basis für die inhaltliche Ausgestaltung möglicher Argumente. Arbeiten Sie Argumentationsblöcke aus:

Block I (a, b, c …)

- Formulieren Sie stichhaltige Argumente, die Ihre eigene Position untermauern.
- Finden Sie für diese Argumente Belege im Text oder andere konkrete Beispiele und Belege.

Block II (a, b, c …)

- Formulieren Sie anschließend mögliche Gegenargumente, für die Sie ebenfalls stichhaltige Belege finden sollten.

Ordnen Sie die Argumente. Wählen Sie eine der beiden Aufbaumöglichkeiten:

Modell 1: linearer Aufbau	Modell 2: dialektischer Aufbau
Eigene Stellungnahme a zu These 1 der Textvorlage → mit eigenen Argumenten und Beispielen b zu These 2 der Textvorlage → mit eigenen Argumenten und Beispielen c zu These 3 … **Fazit/eigene Position** **Schluss** (dabei können die Stellungnahmen zu den Einzelthesen variieren von Zustimmung bis Ablehnung; eine sinnvolle Abfolge muss überlegt sein)	**Sanduhr** These (Gegenposition) stärkstes Argument weitere Argumente bis zum schwächsten Argument These (eigene Position) schwächstes Argument steigernd bis zum stärksten Argument

8. Schritt **Vorbereitung von Einleitung und Schluss**

Suchen Sie einen fesselnden **Einstieg** in die Erörterung. Die Einleitung soll das Interesse des Lesers wecken und die Erörterungsfrage klar formulieren.

Stellen Sie einen deutlichen **Bezug zum Artikel** her, indem Sie die **Position des Autors** noch einmal stark gebündelt wiedergeben – entweder eingebunden in den Einstieg oder unmittelbar darauf folgend.

Im **Schlussteil** fassen Sie Ihre eigene Meinung noch einmal knapp zusammen. Die zusammenfassende und klare eigene Positionierung darf keinesfalls unter den Tisch fallen, da ein Fehlen die Erörterung zu einem unvollendeten Stückwerk macht.

Weichen Sie nicht in unpersönliche Formulierungen aus („Man könnte …“), sondern stellen Sie Ihre eigene Sicht der Dinge klar heraus.

Lösungen

Teilaufgabe 1

Überschrift / Verfasser / Quelle / Erster Eindruck **1. Schritt**

a In diesem Artikel geht es offenbar um die umfassende Präsenz englischer Wörter, die in vielen Bereichen und Branchen zu beobachten ist.

b Zur Autorin wird nur mitgeteilt, dass sie als freie Publizistin arbeitet. Die Quelle ist eine Fachzeitschrift mit dem Titel „Technische Kommunikation".

c Zu vermuten ist, dass mit diesem Periodikum ein Fachpublikum der technischen Berufe angesprochen wird. In technischen Zusammenhängen ist es oft der Fall, dass wichtige Fachbegriffe in der englischen Version verwendet werden.

d Der Neologismus „denglisch" wird als Kofferwort aus „englisch" und „deutsch" zusammengesetzt und stellt einen wertenden Begriff dar, den die deutschen Sprachpfleger in kritischer Absicht verwenden. Gemeint ist vor allem das Phänomen jener englischen Verben und Adjektive, die in die Grammatik der deutschen Sprache eingepasst werden (Beispiel: Der Flug ist *gecancelt* worden.) Ein neutraler Begriff für Übernahmen aus der englischen Sprache wäre: Anglizismus.
Auch durch die Anspielung auf den Titel des Romans „Der englische Patient" von Michael Ondaatje bzw. dessen Verfilmung wird Denglisch als Krankheit gewertet.

e Auffallend ist der in der Überschrift bereits anklingende ironische Ton.
Der erste Absatz macht deutlich, dass es nicht bei einzelnen ironisierenden Einschlägen bleibt, vielmehr zieht sich eine Kette von Metaphern sozusagen durch den gesamten Abschnitt und vielleicht sogar durch den gesamten Text. Das dominierende Wortfeld der metaphorischen und zugleich ironisierenden Darstellung ist dabei dem Bereich der Medizin entliehen; die Allgegenwart englischer Begriffe wird als Zeichen einer Erkrankung gedeutet, die als „Anglomanie" (Z. 1) bezeichnet wird.
Die Position der Autorin in der Frage des Umgangs mit Anglizismen ist dabei auf der Grundlage des ersten Absatzes nicht abschließend zu bestimmen. Die Wahl des Begriffes „Denglisch" sowie die Bildsprache aus dem Bereich „Krankheit" lassen jedoch vermuten, dass eine eher kritische Betrachtung des Themas intendiert ist, wobei zu untersuchen sein wird, ob die ironische Brechung eher eine Abschwächung der Kritik bewirkt oder gar eine Verschärfung.

2. Schritt **Gliederung des Gedankengangs / Erfassen der Position des Autors**

a) **Mögliche Abschnitte:**

1 Z. 1–6: Entfaltung des Themas, Einstieg mit einer These, die gleich zu Beginn ein ironisches Spiel mit Metaphern entfaltet, die einem gemeinsamen Bedeutungsfeld entlehnt werden – dem der Krankheit: Eine Krankheit mit dem Namen „Anglomanie" habe sich ausgebreitet.

2 Z. 7–15: Die These wird konkretisiert: Die deutsche Sprache erleide einen Prozess der Zerstörung, ausgelöst durch eine Überwucherung mit Anglizismen.

3 Z. 16–21: Beispiele zum Phänomen Kleinschreibung

4 Z. 22–34: Beispiele zum Phänomen der unterschiedlichen Regelungen in der Zusammen- und Getrenntschreibung

5 Z. 35–49: Phänomen Apostroph

6 Z. 50–57: zentrale These: Das Deutsche erleide aufgrund der aufgezeigten und mit Beispielen belegten Entwicklung einen „Identitätsverlust" (Z. 54). Der Sprachfundus der deutschen Sprache sei so vielfältig, dass Anleihen bei fremden Sprachen völlig überflüssig seien.

7 Z. 58–68: Aufzeigen von Konsequenzen: Die Verfasserin beklagt ein Verschwinden deutscher Wörter und Wendungen, insbesondere in der Übersetzungsarbeit aus dem Englischen.

b) **Abstract**

In dem vorliegenden Artikel „Der denglische Patient", erschienen in der Zeitschrift „Technische Kommunikation" 2/2010, beklagt die Autorin Ageliki Ikonomidis die starke Präsenz von Anglizismen in der deutschen Sprache. Nach ihrer Ansicht führt diese Entwicklung zu einem „Identitätsverlust" und in der Folge zu einer Verarmung des deutschen Wortschatzes sowie einer nachhaltigen Irritation des Sprachgefühls. Sie belegt ihre These mit vielfältigen Beispielen.

Die Aussagen des Textes sind durchgängig in metaphorischer Weise verknüpft und werden in ironischer und sprachspielerischer Weise gebrochen. Dadurch wirkt die in der Sache kritische Argumentation weniger hart. Andererseits sind die vielfältigen Metaphern dem Bereich „Krankheit" zuzuordnen, wodurch ein negatives Assoziationsfeld ausgebreitet wird.

c) **Position der Verfasserin**

Aussage 2: Z. 7: „schleichende[r] Zersetzungsprozess"; Z. 12: „Wort- und Textmissbildungen"; Z. 54: „Identitätsverlust" der deutschen Sprache

Sprachliche Analyse **3. Schritt**

Gestaltungsmittel	Textstelle, ggf. Zitat	Funktion / Wirkung
Wendungen und Fachbegriffe aus dem Wortfeld „Krankheit“	Z. 1 f.: Krankheit wird eingeschleppt; Z. 3: „fremdländische Erreger“; Z. 3 f.: „Abwehr geschwächt und die Anfälligkeit hoch“; Z. 5: „Disposition“; Z. 6: „manifeste[r] Morbus Denglisch“; Z. 7 f.: „fortgeschrittene[s] Stadium“; Z. 14 f.: „klare (An-)Fälle von Morbus Denglisch“.; Z. 22: „Risikofaktor“; Z. 23 „krankhafte Symptome“; Z. 36: „Parasiten“; Z. 40 f.: „sucht sich der Apostroph […] seine Wirte “; Z. 44: der Apostroph „befällt“; Z. 45 f.: „Besonders aggressive Apostrophtypen greifen inzwischen … über“; Z. 51: „Mutationen“; Z. 53 f.: „so krankt das Deutsche an einem Identitätsverlust“; Z. 60: „begleitende Ausfallerscheinungen“; Z. 67: „reduzierte[r] Allgemeinzustand“	Das Phänomen der Anglizismen wird vordergründig ironisch und damit auch unterhaltsam abgehandelt, hintergründig jedoch stellt die Verknüpfung mit Krankheit, Degeneration, Schwächung eine massive Kritik an der Fülle von Anglizismen dar.
Weitere ironische Wendungen jenseits des Wortfeldes „Krankheit“	Z. 48 f.: „Aufgrund des ganzen Klimbim’s sieht es in Kurt’s Küche aus wie bei Hempel’s unterm Sofa“	Einzelne Phänomene werden der Lächerlichkeit preisgegeben.
Fachbegriffe aus anderen Kontexten (insbesondere der Sprachwissenschaft)	Z. 1: „Anglomanie“; Z. 8: „Anglizismen“; Z. 21: „Aversionen“; Z. 59: „partielle[r] Gedächtnisschwund; Z. 66: „manifestieren“, Z. 67 f.: „korrelieren“	Wortwahl weist die Autorin wie auch die angesprochene Zielgruppe als akademisch gebildet aus.
Wortneuschöpfungen	Z. 2: ITler“; Z. 6: „Morbus Denglisch“; Z. 39: „Apostrophitis“	Neologismen verstärken die ironische Wirkung.

Gestaltungsmittel	Textstelle, ggf. Zitat	Funktion / Wirkung
Wortspielereien	Z. 14: „Kundenzenter“; „gedownloaded“; Z. 26f.: „Fichtelgebirgsseilschwebebahnbergstationstoilettenaufsichts personal“; Z. 38: „apostrophus apostrophus“; Z. 54f.: „der keinen Sinn ergibt und erst recht keinen macht (siehe to make sense).“	Verdeutlichung der beschriebenen Phänomene in ironisch-kritischer Absicht
Metaphern	Z. 1: „über den großen Teich“; Z. 42f.: „Da der Genitiv aber aufgrund der […] Mobilitätseinschränkungen immer seltener wird“	Bildhafte Darstellung hat veranschaulichende und unterhaltsame Funktion
ausdrucksstarke Verben und Adjektive	Z. 7: „schleichend“; Z. 8f.: „durchwuchert“; Z. 18: „schlagartig“; Z. 37: „gnadenlos verstümmelt“; Z. 50: „heimtückisch“; Z. 53: „krankt“	Starke Bilder mit eindrucksvoller Wirkung
Verwendung von Personalpronomen	Z 3, 50, 52, 55, 58, 60: uns/ wir	Aufbau von Gemeinschaftsgefühl

Gesamteinschätzung der Stilebene und des argumentativen Aufbaus

Stilebene	Die auf allen Ebenen durchgängig eingesetzte Ironie prägt den Text und lässt die Ausführungen unterhaltsamer wirken. Im Satzbau dominiert die Hypotaxe. Die abwechslungsreiche Syntax und die zahlreichen Fremdwörter sind Zeichen einer hohen Stilebene.
Argumentationsgang	Die Argumentation verläuft einsträngig. Ausgehend von der Ausgangsthese, die sofort die Grundposition umreißt, untermauert die Autorin mit einer Reihe von Beispielen ihre kritische Sicht, um schlussfolgernd die zentrale These darzubieten. Andere Sichtweisen werden nicht einbezogen.
Form der Positionierung	Diese wird klar vorgenommen und mit Beispielen und Veranschaulichungen gestützt.

Teilaufgabe 2

Klärung des Themas der Erörterung

5. Schritt

Im Vorfeld der detaillierten Arbeit ist es wichtig, dass Sie sich sowohl präzise die Aufgabenstellung als auch deren mögliche thematische Bezüge klarmachen. Eine solche Analyse der Aufgabenstellung verhindert, dass Sie explizit genannte Aspekte übersehen, weckt Ihr Vorwissen und hilft dabei, Ideen zur Beantwortung zu sammeln.

Die Tatsache, dass der Arbeitsauftrag eine Erörterung der „Position der Autorin" fordert, fokussiert Ihre Ausarbeitung zum einen auf eine Auseinandersetzung mit der inhaltlichen Position, eröffnet aber andererseits auch die Möglichkeit, die Machart des Textes zu bewerten. Dabei ist es sinnvoll, der Wirkung der ironischen und an Beispielen und Wortspielen reichen Abhandlung nachzugehen, da diese Wirkung die Rezeption der Leser nachhaltig beeinflusst.

Klärung der eigenen Position

6. Schritt

Die Antworten auf die gestellten Fragen können unterschiedlich ausfallen. Sammeln Sie Stichpunkte zu allen Fragen.

Wie auch immer Sie sich in dieser Frage positionieren: Es ist wichtig und sinnvoll, dass Sie zu einem klaren Standpunkt gelangen, bevor Sie auf der Basis der Stichworte einzelne Argumentationsblöcke zusammenstellen.

Im Weiteren ist es sinnvoll, sich das Wissen in Erinnerung zu rufen, das Sie unterrichtlich zu den Themen „Anglizismen" oder auch „Sprache der Gegenwart" bzw. „Sprachwandel" erworben haben. Ratsam ist es, eine kleine Mindmap dazu anzulegen und alle Assoziationen zu sammeln, die eine weitere Quelle für die Bildung von Argumentationsblöcken darstellen.

7. Schritt **Formulierung und Gliederung der Argumente**

Trifft es zu, dass die deutsche Sprache aufgrund der Verwendung vieler Anglizismen einem „schleichenden Zersetzungsprozess" ausgesetzt ist?

Pro	Kontra
Es entstehen grammatikalisch und semantisch unkorrekte Gebilde. Beispiel : „downgeloadetes und geupdatetes Material"	
Es folgt eine Verunsicherung des Sprachgefühls, der intuitiven Sicherheit bezogen auf korrektes und falsches Deutsch.	Sprachgefühl ist ein subjektives, empirisch nicht fassbares Phänomen. Alle Aussagen dazu sind letztlich spekulativ.
Die Regeln der Orthografie werden verletzt, indem der Apostroph regelwidrig gesetzt und damit eine englische Schreibweise imitiert wird. Beispiele: „Wellness Drink's" oder „Bahnhof's Markt"	
Vor allem in der Werbung werden englische Slogans eingesetzt, die viele Menschen gar nicht oder falsch verstehen. Beispiele: „Powered by emotion"; „Come in and find out"	Viele kreative Sprachspiele werden möglich, gerade aufgrund der Brüche, die entstehen. Beispiele: „Saturday Night Feger"; „We kehr for you"
Viele deutsche Wörter gehen verloren, da sie durch englische verdrängt werden.	Fremdwörter bleiben auf Dauer nur erhalten, wenn sie Bedeutungsnuancen zu deutschen enthalten. Beispiele: Team/Mannschaft; Event/Ereignis
	Der Globalisierungsprozess hat in Unternehmen und in der Wissenschaft Englisch als allgemeine Verkehrssprache durchgesetzt (lingua franca). Beleg: Auch die deutschen Niederlassungen internationaler Konzerne pflegen von ihren Mitarbeitern Englisch als Hauptsprache einzufordern, um Missverständnisse zu verhindern.

Entscheiden Sie sich für eines der Aufbauprinzipien (linear oder dialektisch).

Vorbereitung von Einleitung und Schluss

8. Schritt

Einleitung:

Es gibt verschiedene Möglichkeiten:

a Einstieg über ein zentrales Zitat, das die Position der Verfasserin auf den Punkt bringt.

b Kurze Zusammenfassung ihrer Position.

Aus dem gewählten Einstieg heraus muss die Erörterungsfrage geklärt werden. Im vorliegenden Falle stellt die Autorin keine konkrete Forderung auf. Sie vertritt eine sehr dezidierte Meinung zur Allgegenwart von Anglizismen. Dieses Phänomen selbst ist nicht zu bestreiten. Zu diskutieren ist jedoch ihre Bewertung dieses Phänomens.

Mögliche Formulierungen zur Erörterungsfrage:

a Bewertet die Autorin das Phänomen der Häufung von Anglizismen in der deutschen Sprache zutreffend?

b Ist die dramatisierende Sicht, die aus ihren Formulierungen ablesbar ist, berechtigt?

Wenn Sie die Formulierung **a** wählen, sollten Sie in stärkerem Maße sprachwissenschaftliche Kenntnisse unter Beweis stellen als bei der Variante **b**. Die Variante **b** eröffnet in höherem Maße die Möglichkeit, bewertend auf Stil und Machart des Textes einzugehen.

Schluss:

Die Gestaltung des Schlusses hängt entscheidend von Ihrer eigenen Positionierung ab. Wenn Sie eine klare Meinung haben, sollten Sie diese offenlegen und das wichtigste Argument anfügen.

Wenn Sie eine Zwischenposition einnehmen wollen, also einige Argumente der gegnerischen Seite anerkennen, ist es bedeutsam, dass Sie genau argumentieren und dabei Ihre eigene Zustimmung wie Ablehnung erkennbar werden lassen.

Falsch wäre es, in ein anonymes „man“ zu verfallen oder der Positionierung selbst auszuweichen nach dem Muster: „Das kann man so oder auch anders sehen.“

Die Erörterung ist erst abgeschlossen, wenn der Leser verstanden haben kann, aus welchen Gründen Sie in dieser Frage so und nicht anders argumentieren.

Musterlösung

Teilaufgabe 1

Die folgende Bearbeitung stellt **eine** *mögliche Lösung dar. Hier wird die Wiedergabe und Analyse der inhaltlichen Aussagen aspektorientiert verbunden mit der Analyse ausgewählter sprachlicher und formaler Elemente des Textes (integratives Vorgehen). Ebenso könnte man alternativ im additiven Verfahren auf die Analyse der inhaltlichen Argumentation die Untersuchung der sprachlichen und formalen Besonderheiten folgen lassen.*

Einleitung: Titel Autorin Quelle Thema knapper Überblick

In dem vorliegenden Artikel „Der denglische Patient", der in der Fachzeitschrift „Technische Kommunikation" (Nr. 2/2010, S. 37 ff.) veröffentlicht wurde, formuliert Ageliki Ikonomidis eine Kritik an der zunehmenden Präsenz von Anglizismen in der deutschen Sprache. Die Verfasserin veranschaulicht ihre Kritik mit einer Reihe von Beispielen zu einem aus ihrer Sicht problematischen Umgang mit Anleihen bei der englischen Sprache. Sie prognostiziert eine nachhaltige Verunsicherung des intuitiven Sprachgefühls bei Sprechern der deutschen Sprache und eine Verengung des Wortschatzes.

Informationen über die Autorin

Die Information, dass Ageliki Ikonomidis als freie Autorin und Publizistin zu Fragen der „Schreibkunst" arbeitet, nährt die Vermutung, dass der vorliegende Text nicht nur aktuellen Problemen der Gegenwartssprache gewidmet ist, sondern auch eine besonders durchdacht gestaltete sprachliche Form aufweist.

Analyse des Argumentationsaufbaus, verbunden mit der Analyse der sprachlichen Gestaltung

In der Tat fällt bereits der Titel ins Auge, denn mit dem **Neologismus** „denglisch" einerseits und dem Begriff „Patient" andererseits werden dem Leser gleich zwei Signale gegeben, die kennzeichnend für die Gestaltung des Textes wie der Aussage sind: Das **Kofferwort** „Denglisch" verwenden Sprachschützer als polemisch-abwertenden Begriff für das Phänomen der Häufung von Anglizismen in der deutschen Sprache und das Wort „Patient" eröffnet den Reigen der metaphorischen Wendungen und Begriffe aus dem Bedeutungsfeld „Krankheit".

Die Autorin setzt an den Beginn eine beunruhigende Aussage: Die „Anglomanie" (Z. 1), wie sie dieses Phänomen auch nennt, sei „eingeschleppt" (Z. 2) worden von denjenigen, die sich im Bereich der elektronischen Techniken und der globalisierten Märkte tummeln (vgl. Z. 1–5). Sie spricht von „fremdländische[n] Erreger[n]" (Z. 3) und steigert das Bedrohungsszenario mit dem Begriff „Morbus Denglisch" (Z. 6), der einem diagnostisch-medizinischen Vokabular entnommen ist. Das Bild eines diagnostischen Befundes wird weitergesponnen, wenn die Autorin davon spricht, dass es einen „schleichenden

Zersetzungsprozess im fortgeschrittenen Stadium“ (Z. 7 f.) gebe und die deutsche Sprache von Anglizismen „durchwuchert“ (Z. 8 f.) sei.
Ageliki Ikonomidis bleibt jedoch nicht auf der Ebene allgemeiner Aussagen stehen, die vor allem über die Assoziationsketten und Metaphern zum Bereich „Krankheit“ die kritische Aussageabsicht überdeutlich werden lassen. Sie liefert in den folgenden Absätzen zu einzelnen Aspekten Beispiele, die ihre These stützen sollen. Die Integration englischer Wendungen und Wörter in die deutsche Sprache führt nach ihrer Meinung zu **grammatikalischen Verunstaltungen** und sprachlicher Ungenauigkeit („sprachliche Beliebigkeit mit Wort- und Textmissbildungen“, Z. 11 f.).

Ausgangsthese

Im Einzelnen verweist sie auf die aus dieser Praxis resultierenden unkorrekten Schreibformen durch **Einpassungen in die Konjugationsregeln der deutschen Grammatik** („gedownloaded“, Z. 14), auf die zunehmende Tendenz zur **Kleinschreibung der Substantive** (vgl. Z. 16–21) und auf die Schwierigkeiten, die sich bei der **Zusammen- und Getrenntschreibung** auftun, da sich in diesem Bereich der Orthografie die deutschen und die englischen Regeln deutlich unterscheiden (vgl. Z. 22–34). Hier argumentiert sie fachlich und stellt fundierte Kenntnisse der deutschen wie der englischen Grammatik sowie der Rechtschreibung unter Beweis, weiß aber auch zu unterhalten mit ironischen Wendungen. So stellt sie die Vermutung auf, dass diejenigen, die auf den elektronischen Kommunikationswegen unterwegs sind, von einer „innere[n] Unruhe“ zu „ständiger Eile“ getrieben würden (Z. 20) oder gar eine tiefsitzende Abneigung gegen die Hochstelltaste hegten. Beißender Spott gilt der verbreiteten Unsitte, unter Anlehnung an die Apostrophierung in der englischen Sprache in großer Beliebigkeit den **Apostroph** an deutsche Substantive und Eigennamen anzuhängen unter vollkommener Missachtung der grammatikalischen Vorgaben. Am Ende entstünden dabei aberwitzige Formulierungen („Aufgrund des ganzen Klimbim’s sieht es in Kurt’s Küche aus wie bei Hempel’s unterm Sofa.“, Z. 48 f.). Sie prägt für diese Erscheinung den ironisierenden Begriff „Apostrophitis“ (Z. 39), der zugleich wieder auf das Bedeutungsfeld der Krankheit verweist, denn das Suffix „-itis“ steht für die Diagnose von Entzündungen.

Beispiele aus verschiedenen Bereichen

Aufgrund dieser Reihe von Beispielen kommt sie zu der Schlussfolgerung, dass der „Morbus Denglisch“ in geschickt verdeckter Form („heimtückisch“, Z. 50) agiere. Das Mittel der **Personifikation** bewirkt an dieser Stelle eine Steigerung: Diesem Dämon scheint die Gruppe der Sprecher der deutschen Sprache hilflos ausgeliefert zu sein, wobei die erstmals auftretende gehäufte **Verwendung der Personalpronomen** „uns“ und „wir“ (vgl. Z. 50–62) auf eine unterschwellige Gemeinschaftsbildung abzielt. Der aufgezeigten Bedro-

Mittel der Personifikation

gezielter Einsatz von Personalpronomen

hung soll mit einem Schulterschluss begegnet werden. Jener „Morbus Denglisch" unterminiere die deutsche Sprache, indem er „englisch-deutsche Mutationen als very british oder real american" verkaufe (Z. 50 f.). Die deutsche Sprache verfüge jedoch über eine solche Fülle an sprachlichen Ausdrücken, dass es des Imports oder der Leihgabe aus fremden Sprachen keinesfalls bedürfe.

zusammenfassende These

Als Resultat dieser Entwicklung beklagt die Autorin einen „Identitätsverlust" der deutschen Sprache (Z. 54), der von einem „partiellen Gedächtnisschwund" (Z. 59) begleitet werde, dergestalt, dass – und hier benutzt sie das identifikationsstiftende „wir" (Z. 60) – die Sprecher bestimmte deutsche Wörter verlören und die „Wortvielfalt" durch eine „englische Gleichmacherei" (Z. 63) ersetzt werde. Sie stützt diese These mit einzelnen Beispielen aus Übersetzungen (vgl. Z. 62 ff.) und schließt mit der Aussage, dass die Fülle an Anglizismen mit einem „reduzierten Allgemeinzustand" (Z. 67) der deutschen Sprache einhergehe.

Schluss: Zusammenfassung der Position unter Einbeziehung der Machart des Textes

Ageliki Ikonomidis formuliert eine uneingeschränkt ablehnende Position zur Übernahme von Anglizismen in die deutsche Sprache. Ihre kritischen Einlassungen führt sie allerdings nicht zu konkreten Forderungen weiter. Die ironisch gebrochene und an anschaulichen Beispielen und Metaphern reiche Darstellungsweise steigert den Unterhaltungswert des Textes, mildert in der Wirkung jedoch die Kritik nicht ab.

Teilaufgabe 2

Eröffnung über ein Zitat

„Die Anglomanie ist eine Krankheit." (Z. 1) Mit diesem Einstieg macht Ageliki Ikonomidis gleich deutlich, dass sie sich mit einer **kritischen und zugleich auch ironischen Haltung** einem Thema nähert, das in den letzten Jahren nicht nur viele Feuilletonisten und Sprachwissenschaftler umgetrieben hat, auch ein breit gefächertes, interessiertes Publikum hat Veranstaltungen besucht und Bücher erworben, in denen die Auseinandersetzung mit den Entwicklungstendenzen der deutschen Gegenwartssprache in unterhaltsamer Form im Fokus steht. Die Verfasserin hat ihren Aufsatz „Der denglische Patient" in einer Fachzeitschrift veröffentlicht, die sich an technisch interessierte und versierte Leser wendet. Damit spricht sie ein Publikum an, in dessen beruflicher Sphäre das Englische im Fachvokabular dominiert.

Position der Autorin

Ageliki Ikonomidis sieht im Eindringen einer hohen Zahl von englischstämmigen Wörtern und Wendungen in die deutsche Sprache eine **Gefahr**. Sie befürchtet nicht nur, dass viele deutsche Wörter durch englischsprachige Begriffe verdrängt werden (vgl. Z. 58 ff.), sie befürchtet vielmehr einen tiefergehenden Prozess der **Störung des Sprachbewusstseins** bei den Sprechern der deutschen Sprache (vgl. Z. 7; 53 f.).

Überleitung zum Erörterungsthema

Zu fragen bleibt indes, ob diese dramatisierende Sicht auf das Problem gerechtfertigt ist.

Pro-Seite

Die Verfasserin beschreibt ein Phänomen, das seit vielen Jahren beobachtbar ist und seit ebenfalls langen Jahren von **Sprachschützern** und **Sprachpuristen** beklagt wird: Englische Wörter und Wendungen werden adaptiert und teilweise in einer Form grammatisch integriert, dass „Wortungetüme" entstehen, wie z. B. „downgeloadetes und geupdatetes Material". Dass eine solche Mixtur als sprachlich unkorrekt zurückgewiesen werden muss, lässt sich unschwer vermitteln. Eine Wortbildung dieser Art führt nicht nur zu **ungrammatischen Formulierungen**, auch die Dechiffrierung der semantischen Ebene wirft Probleme auf. Generell lässt sich – mit Verweis auf Dieter E. Zimmer – sagen, dass alle Einflüsse, die das einzigartige Regelsystem einer Sprache beschädigen, abzuwehren sind.

Beispiele sprachlicher Unkorrektheiten

1. These, Autoritätsargument

Weiterführung der These, Variation des Arguments und neue Beispiele

Diese Argumentation gilt ebenso für die von der Autorin angeführte Tendenz, beliebig den englisch anmutenden Apostroph zu setzen. So sieht man immer häufiger normwidrige Formulierungen wie „Wellness Drink's" oder „Bahnhof's Markt". Auch in diesen Fällen dient es dem **Erhalt der Klarheit der orthografischen Regeln**, dass diese völlig willkürlichen, in Anlehnung an englische Schreibweisen vorgenommenen Apostrophierungen als Fehler markiert werden.

2. These, Argument, Beispiele

Viele Kritiker beziehen sich explizit auf die inflationär auftretenden **Anglizismen in der Werbesprache**. Hier lassen sich in der Tat Erscheinungen finden, die kritikwürdig sind, denn mitunter wird die zentrale Funktion der Sprache, Verständigung zwischen Menschen herzustellen, verletzt. Untersuchungen haben gezeigt, dass viele englische Werbeslogans von einem erheblichen Teil der deutschen Bevölkerung nicht verstanden werden, so wurde z. B. der Slogan eines Fernsehsenders „Powered by emotion" verstanden als „Macht und Emotionen" und der Werbespruch der Parfümeriekette Douglas „Come in and find out" wurde geradezu widersinnig gedeutet als Aufforderung, in den Laden hineinzugehen und sofort den Ausgang zu suchen.

Überleitung zur Kontra-Seite

Andererseits bietet sich auch angesichts der Allgegenwart der Anleihen aus dem Englischen wiederum eine Chance, kreativ und spielerisch mit diesem Phänomen umzugehen. So hat eine Berliner Werbeagentur für die Berliner Stadtreinigung zwei interessante Slogans produziert: „Saturday Night Feger" und „We kehr for you". Zwar setzt das **gelungene Sprachspiel** voraus, dass die Betrachter das englische „care" und den Film „Saturday Night Fever" ken-

1. These Bereicherung durch Fremdwörter

nen, aber es wird an diesem Beispiel etwas Grundsätzliches deutlich. Es liegt auch eine **Bereicherung** in dieser innigen **Begegnung zweier Sprachen**. Sprachwissenschaftler weisen darauf hin, dass Sprache echte Synonyme auf Dauer nicht duldet. Wenn sich also ein fremdes Wort oder eine solche Wendung einschleichen und bleiben, so haben sie in der Regel einen **Mehrwert** anzubieten und drücken eine **Bedeutungsnuancierung** aus, die das verwandte deutsche Wort nur mit einer weiteren Erläuterung leisten kann. Die Bedeutungsvariation kann dabei in der Sache liegen. So meint man mit „Team" mehr als nur „Mannschaft" und ein „Event" ist nicht gleichbedeutend mit „Ereignis". Von einem Team sprechen wir, wenn wir deutlich machen wollen, dass ein starker Zusammenhalt und ein gemeinsames Ziel die Gruppe verbindet, die Bezeichnung Mannschaft hingegen ist ein vergleichsweise neutraler Begriff. Niemand würde einen Vulkanausbruch als Event bezeichnen, wenn er auch ein einschneidendes Ereignis für alle Betroffenen sein mag. Unter einem Event verstehen wir andererseits eine von Menschen organisierte besondere Veranstaltung. Die Nuancierung kann auch in der sprachlichen Varietät liegen, wie es in der Jugendsprache in besonderer Weise festzustellen ist.

Argument

Beispiele

vorläufiges Resümee

Betrachtet man die Auseinandersetzung über die **Erweiterung des Wortschatzes** historisch, so kommt man nicht umhin zu konstatieren, dass die deutsche Sprache immer schon Lehnwörter/Fremdwörter aufgenommen hat, aus dem Französischen, dem Lateinischen – einige haben sich erhalten, andere sind wieder verloren gegangen.

2. These verstärkte Aufnahme von Anglizismen; Folge der Intensivierung kultureller und ökonomischer Beziehungen

Allerdings muss eingeräumt werden, dass dem Zustrom von Wörtern und Wendungen aus dem Englischen und Amerikanischen in den letzten 20 bis 30 Jahren eine große Dynamik eigen ist. Dieser Strom wird vor allem durch die Intensivierung der wirtschaftlichen und gesellschaftlich-kulturellen Beziehungen im Rahmen der **Globalisierungsprozesse** ausgelöst. Technische Neuerungen gerade im Bereich der Digitalisierung und der virtuellen Kommunikation begünstigen die Integration der entsprechenden englischen Begrifflichkeiten ins Deutsche. Auch in den Wissenschaften ist Englisch die „Lingua franca", die allgemeine Verkehrssprache für Menschen aus verschiedenen Sprachgemeinschaften.

Argument

Viele Dinge werden mit englischen Begriffen benannt und es gibt häufig keine zweifelsfreie, einfache Übersetzung. Dies gilt insbesondere für den IT-Bereich. Um Kommunikationspannen und folgenreiche Missverständnisse auszuschließen, ist an vielen deutschen Standorten multinationaler Konzerne Englisch die Hauptsprache. Diese Entwicklung ist nicht mehr zu stoppen oder gar zurückzudrehen. Vielleicht liegt in dieser steigenden Möglichkeit unkomplizierter Verständigung zugleich die Chance, tradierte nationalistische Vorurteile abzubauen.

Einordnung der Position der Autorin

Ageliki Ikonomidis sieht jedenfalls keine positiven Effekte in der wachsenden Zahl von Anglizismen. An dieser Aussage in der Sache ändert auch der ironische und unterhaltsame Stil des Artikels keinen Deut. Sie stellt zwar keine konkreten Forderungen auf, wie es etwa verschiedene Vereinigungen zur Pflege der deutschen Sprache tun, die den Gebrauch von Anglizismen eindämmen und ein **Bekenntnis zur deutschen Sprache** ins Grundgesetz aufnehmen lassen wollen. Die Botschaft an die Leser ist jedoch klar zu verstehen: Der ironische Spott gilt denjenigen, die mehr oder weniger bewusst Anleihen an der englischen Sprache nehmen. Mit den **identifikationsstiftenden Personalpronomen** versucht sie eine Gemeinsamkeit herzustellen mit ihren Lesern und eine Gruppe derjenigen zu bilden, die die deutsche Sprache hochschätzen, erhalten und verteidigen wollen gegen jene bedrohliche, heimtückische Krankheit, genannt „Denglisch“.

Schlussteil: Zusammenfassung, Abwägung der Argumente

Äußerung der eigenen Meinung

Wenn auch einige der Argumente und Beispiele, die einen Widerspruch zu grammatischen und orthografischen Regeln des Deutschen aufzeigen, ernst zu nehmen sind, so sehe ich doch in der Gesamtschau aller Argumente keine Berechtigung für **schrille Alarmrufe**. Die Aufnahme von Anglizismen ist ebenso Teil des **gegenwärtigen Sprachwandels** wie die Veränderungen, die im Zusammenhang mit elektronischen Kommunikationsformen auftreten. Sprachwandel findet ständig statt und begründet die **Lebendigkeit der Sprache** – der deutschen wie jeder anderen.

Aufgabenstellung

1. Analysieren Sie die Position des Autors unter Berücksichtigung ausgewählter sprachlicher Mittel. (40 %)
2. Erörtern Sie unter Einbeziehung Ihrer Ergebnisse aus Aufgabe 1 Lübers Position und reflektieren Sie, ob die deutsche Hochsprache vom Verfall bedroht ist. (60 %)

Text

Kanak Sprak

An sozialen Brennpunkten verändert sich auch die deutsche Sprache

VON KLAUS LÜBER

Die Sprache im deutschen HipHop ist hart geworden. Kein Monat vergeht, in dem nicht irgendein Album eines, vornehmlich aus der Hauptstadt stammenden, Skandalrappers wegen frauenfeindlicher, gewaltverherrlichender oder gar rechtsradikaler Texte auf dem Index der Bundesprüfstelle für jugendgefährdende Medien landet.

Die betroffenen Künstler selbst rechtfertigen den Sex- und Gewaltslang mit einem der Rapkultur eigenen Bedürfnis nach ungeschminktem Abbilden sozialer Realität und dem Hang zu verbaler Aggression: Potentielle Konkurrenten mit Worten möglichst effektvoll zu degradieren sei nun einmal ein fester Bestandteil der HipHop Kultur, behaupten die Enfants terribles[1] der Szene wie Bushido oder Sido. Zu diesem Zweck bediene man sich eben Metaphern, die im jeweiligen Kulturkreis das größtmögliche Provokationspotential besitzen. Man kann sich lange darüber streiten, wieviel Realität tatsächlich aus solchen Sprachkaskaden spricht oder wieviel geschicktes Marketing sich dahinter verbirgt. Viel interessanter jedoch ist die Frage nach dem kulturellen Kontext, dem die Rüpel-Texte entstammen und der eigentlich erheblich mehr zu bieten hat als infantile Jugendsprache sowie Sex and Crime-Vokabeln. „Die HipHop Szene wirkt als Verstärker für einen neuen Ethnolekt des Deutschen, der auf oftmals erstaunlich kreative Weise Deutsch mit Türkisch oder anderen Immigrantensprachen kombiniert", sagt der Sprachwissenschaftler und Rap-Experte Jannis Androutsopoulos von der Universität Hannover.

Lange schon gilt der sogenannte „Türkenslang“ als einflußreicher Sprachtrend. Bereits vor zehn Jahren beschrieb der Schriftsteller Feridun Zaimoglu das gepreßte und genuschelte Deutsch, wie es in Einwanderervierteln in Frankfurt oder Berlin gesprochen wird, als eigenständige Sprache: Die „Kanak-Sprak“. Wie das jamaikanische Kreolisch, so behauptete Zaimoglu, würde auch das Immigrantendeutsch als eine neue, kreative Sprachform entstehen, mit Wortneuschöpfungen und „Underground-Kodex“. Zwar wurde der Sprachstil schnell von der sogenannten „Ethno-Comedy“ vereinnahmt. TV-Komiker wie Erkan und Stefan oder Kaya Yanar („Was guckst du“) etablierten das Türkendeutsch als leicht debiles Gestammel schrulliger Machos: Längst ist das latent diskriminierende Mimen goldkettchentragender Türkenprolls zum gern verwendeten Stilmittel im Alltagsdeutsch geworden. Mit der Sprache, die tatsächlich in den Ghettos großer deutscher Städte gesprochen wird, hat das aber recht wenig zu tun, stellt Androutsopoulos fest. „In den Immigrantenvierteln Hamburgs oder Berlins wird ein multiethnischer Sprachmix gesprochen. Anderssprachige Begriffe werden dabei mühelos in den Sprachfluß integriert. Mit dem Türkenslang, wie wir ihn aus der Comedy kennen, hat das nichts zu tun.“

Bisweilen führt die Mehrsprachigkeit gar zu einer Steigerung der Sprachkompetenz im Deutschen. Völlig konträr zum Klischeebild des stammelnden Türstehers oder einsilbig aggressiven Machos kultivieren gerade Einwandererkinder aus der Mittelschicht ein besonders eloquentes Deutsch. So kann es passieren, daß der Sohn des türkischen Eckladenbesitzers den verdutzten Kunden mit Höflichkeitsfloskeln überrascht, die mittlerweile selbst bei Muttersprachlern Seltenheitswert haben: „Ich habe zu danken, der Herr!“ Androutsopoulos wundert das wenig: „Der Ethnolekt ist so vielfältig wie die sozialen Schichten, in denen er gesprochen wird.“ Das Image des multiethnischen Sprechens beginnt sich zu ändern. Auf den Schulhöfen kann man beobachten, wie deutsche Kinder Sprache und den Stil ihrer multiethnischen Klassenkameraden nachahmen. Und bisweilen wirken deren bilinguale Mischgespräche so beeindruckend, daß selbst Nicht-Türken beginnen, türkische Ausdrücke in ihren Wortschatz zu übernehmen. „Auch wenn das in der Regel nur Floskeln sind: Feldstudien aus Hamburg belegen, wie sich Türkisch dort bereits zu einer allgemein verfügbaren Umgangssprache entwickelt hat“, sagt Androutsopoulos. Auch Heike Wiese, Linguistin an der Humboldt-Universität bestätigt: „Kiez-Sprache scheint in multi-ethnischen Wohngebieten als eine Art Lingua franca benutzt zu werden, das heißt als Kontaktsprache, die von Jugendlichen ganz unterschiedlichen ethnischen Hintergrunds, und vor allem auch von deutschen Jugendlichen, gerade auch in gemischten Gruppen benutzt wird."

Und schon beklagen sich besorgte Eltern darüber, ihre Kinder nicht mehr zu verstehen: Sie habe ihren Sohn auf dem Altar der Integration geopfert, bemerkte unlängst eine zerknirschte Aktivistin der Kreuzberger Alternativszene. Hier kommt eine Angst zum Vorschein, die mit der üblichen Irritation sprachkonservativer Erziehungsberechtigter anläßlich jugendsprachlicher Geheimcodes vermutlich nicht ausreichend erklärt werden kann. Vom „steilen Zahn" der siebziger Jahre bis hin zu aktuellen Komposita wie „Fußhupe", einem zeitgenössischen Synonym für einen kläffenden Vierbeiner, wie das „Pons-Wörterbuch der Jugendsprache 2005" aufklärt: Immer ist es die hinlänglich bekannte pubertäre Rebellion, die sich neue Worte schafft.

Nur kann es heute passieren, daß der 16jährige Sproß seinem deutschen Kumpel im Bus statt „geile Braut, Alder" ein herzhaftes „Tam tschuki, Lan!" zuraunt, sobald die Klassenschönste zusteigt. „Tam" verkürzt das türkische tamam für genau, „tschuki" das Adjektiv cok iyi für toll, super. „Lan" bedeutet Kumpel. Der oftmals banale Jugendkontext sollte nicht über das Potential dieses gemischtsprachigen Stils hinwegtäuschen. „Bestimmte Merkmale von Kiez-Sprache könnten sich auf die Majoritätssprache ausbreiten und zu einem urbanen Dialekt führen, wie das zum Beispiel für New York beobachtet wurde", prognostiziert Heike Wiese.

Die Internet-Enzyklopädie Wikipedia befindet bereits zum Stichwort „Kanak Sprak": „Innerhalb der Mainstreamkultur entstehen die ersten rohen Entwürfe für eine ethnizistische Struktur in Deutschland." Auch wenn in deutschen Raptexten weiter auf tiefstem Niveau gepöbelt wird und bei Weitem nicht alles, was man auf Kreuzberger Schulhöfen hören kann, sich durch besondere sprachliche Qualität auszeichnet: Der neue Ethnolekt des Deutschen nimmt Einfluß auf die Hochsprache. Nicht nur im negativen Sinn.

Aus: DIE WELT, 5. 4. 2006; http://www.welt.de/print-welt/article208701/Kanak-Sprak.html?config=print

Anmerkung

1 „enfants terribles": „schreckliche Kinder"; aus dem Französischen entlehnter Ausdruck, um Personen zu charakterisieren, die bewusst gegen gesellschaftliche Normen verstoßen.

Musterlösung

Teilaufgabe 1

Ausgehend von Haltung und Ausdruck der Rap- und Jugendkultur reflektiert Klaus Lüber in seinem Artikel *Kanak Sprak*, am 5.4.2006 in der „Welt" erschienen, den Einfluss besonderer Formen des Immigrantendeutsch auf die deutsche Hochsprache.

Einleitung: Autor, Textart, Thema, Erscheinungsdatum, -ort

Lüber geht zum einen auf die Sprache aktueller Hip-Hopper ein, welche einen gewissen „**Hang zu verbaler Aggression**" offenbarten (Z. 8), zum anderen verweist er auf **neue kreative Sprachformen**, die sich aus einer bilingualen Mischsprache ergäben, wie man sie in bestimmten Großstadtvierteln beobachten könne. Diese Mischform (hier die sog. „Kanak Sprak", so vom Schriftsteller Feridun Zaimoglu bereits Mitte der 1990er-Jahre betitelt) habe als Umgangssprache einer gesellschaftlich und ethnisch z. T. sehr heterogenen Gruppe linguistisch wie sozial durchaus Potenzial, welches meist dann in Abrede gestellt und mit Sorge betrachtet werde, wenn Erwachsene Jüngere nicht mehr verstünden und der Ethnolekt als reiner Geheimcode missverstanden werde.

Inhaltszusammenfassung

Der Autor analysiert die Entwicklung der sich kultivierenden Mischsprache differenziert, indem er allgemeine Beobachtungen – auch aus dem medialen Unterhaltungssektor – über eine fachkundige linguistische Herangehensweise ergänzt. Dem **Einfluss der „Kanak Sprak" auf die Hochsprache** und deren damit verbundenen Modifikation kann Lüber in Bereichen jenseits des niederen pöbelnden Niveaus sehr wohl **bereichernde Aspekte** abgewinnen.

Position Lübers

Lübers Sprache ist eine **bewusste Kombination von fachwissenschaftlichem Duktus** auf der einen Seite, der durch den Verweis auf universitäre Linguisten untermauert wird (Autoritätsargument, z. B. Z. 20 f.), und etwas wortverliebtem **Plauderton** auf der anderen Seite (u. a. geprägt von zahlreichen Attributen und Komposita).

analytischer Hauptteil
allg.: Sprache

Zu Beginn eines Absatzes konfrontiert der Autor den Leser oft mit einer **parataktisch dargebotenen Aussage**, welche im Folgenden reflektiert und durch konkrete Beispiele sowie Zitateinschübe erweitert wird. Diese Mischung motiviert den Leser und zeugt zudem von einer profunden Beschäftigung mit der Materie seitens des Autors.

Der Aufbau des Artikels folgt einem bestimmten Muster: Lüber stellt jeweils das **kreative Potenzial des Sprachmix** möglichen **negativen Entwicklungstendenzen antithetisch** gegenüber.

Aufbau

Absatzgliederung

Dabei entspricht meist ein Abschnitt einem inhaltlichen Schwerpunkt: **Abschnitt I** (Z. 1–21) stellt die **Ausdrucksweise der deutschen Rapkultur** ins Zentrum; **Abschnitt II** (Z. 22–39) beschäftigt sich mit der **Kommerzialisierung** der deutsch-türkischen Mischsprache in der Unterhaltungsbranche; **Abschnitt III** (Z. 40–61) kontrastiert diese eher klischeebehaftete Darstellung mit der **besonderen Eloquenz** vieler türkischer Jugendlicher und verweist auf das Phänomen, dass Türkisch mancherorts großen Einfluss auf die Umgangssprache habe. Diese Beobachtung wird ebenfalls im **V. Abschnitt** (Z. 72–80) aufgegriffen, während der **IV. Abschnitt** (Z. 62–71) die Furcht vor einer **Verständniskluft** zwischen den Generationen ins Zentrum rückt. **Abschnitt VI** (Z. 81–92) resümiert als Schlusswort den **Wert des Ethnolektes**, sodass der elliptische Schlusssatz ein bewusstes Gegengewicht zum ersten Satz des Artikels bildet und die Einstellung des Autors demonstriert.

Titel/Untertitel

Dessen Position wird, betrachtet man den Titel und den Untertitel, nicht sofort augenfällig oder führt gar in die Irre: „Kanak Sprak" hat zunächst **pejorativen Charakter** und konnotiert die undifferenzierte Beleidigung „Kanake", ursprünglich ein Begriff für die indigene Bevölkerung Neukaledoniens, sowie die fehlende Sprachkompetenz ausländischer Mitbürger. Die Art der Veränderung der deutschen Sprache wird auch im Untertitel zunächst neutral dargelegt. Doch Lüber lenkt den meist traditionsverhafteten und eher konservativen Leser der „Welt", indem er die Veränderung an „sozialen Brennpunkten" verortet: In der Regel wird damit ein Sprachklischee verbunden, das der Autor selbst im Folgenden mit dem Kompositum „Türkenslang" (Z. 22) bezeichnet.

Rapkultur: Ziel(e)

Zu Beginn seines Textes skizziert Lüber, inwiefern die „frauenfeindliche[n], gewaltverherrlichende[n] oder gar rechtsradikale[n] Texte" (Z. 3 f.) der deutschen Rapper **Aggressionspotenzial** enthielten und folglich von der Bundesprüfstelle für jugendgefährdende Medien indiziert würden. Ziel der Hip-Hopper sei es, mit *ihrer* Ausdrucksweise ungeschönt ihre soziale Realität abzubilden, die **Provokation wie Degradierung** „[p]otentielle[r] Konkurrenten" (Z. 8 f.) werde dabei bewusst gepflegt. Der Autor stellt sich in dem Zusammenhang die Frage, inwieweit die **herabwürdigende „infantile Jugendsprache**" (Z. 17) mit ihren „Sprachkaskaden" (Z. 14) lediglich der Provokation diene und letztlich eher durch gewisse kommerzielle Interessen bestimmt werde. Allein die Metapher „Sprachkaskaden" lässt vermuten, dass Lüber den „Enfants terribles" (Z. 10) **durchaus kreative Ausdrucksformen** zutraut, was er in seinen Darlegungen an einer multiethnischen, in diesem Fall deutsch-türkischen Sprachvermischung festmacht.

Metapher: Sprachkaskaden

Dabei geht es dem Autor **weniger um die kommerziell genutzte Klischeebildung**, wie sie im Fernsehen z. B. durch die Komiker Erkan und Stefan bekannt geworden sei und bei deren Beschreibung sich Lüber selbst bekannter Klischeezutaten bedient („Türkendeutsch als leicht debiles Gestammel schrulliger Machos“, Z. 31). Vielmehr soll aufgezeigt werden, dass eine multiethnische Mischsprache durchaus zu einer **Steigerung der Sprachkompetenz** führe (vgl. Z. 40 ff.), wie es auch Jannis Androutsopoulos, Sprachwissenschaftler und Rap-Experte an der Universität Hannover, beschreibt.

kommerzielle Nutzung der deutsch-türkischen Mischsprache

Autoritätsargument

Die sich ähnlich wie das Kreolische in Jamaika entwickelnde Kanak-Sprak zeichne sich abseits von trivial-unterdrückenden Raptexten durchaus durch sprachliche Qualität aus, da Wörter und Ausdrücke aus fremden Sprachen ohne Weiteres in ein bestehendes Sprachsystem integriert werden könnten (vgl. Z. 51 ff.). Neben dem Verweis auf Wikipedia (vgl. Z. 83 ff.) nutzt Lüber im Folgenden erneut ein Autoritätsargument, indem er Jannis Androutsopoulos zitiert: Es müsse, so der Hannoveraner Linguist, berücksichtigt werden, dass ein Ethnolekt oder eine sog. „**Kiez-Sprache**“ (Z. 57) nicht automatisch *einer* sozialen Schicht zugeordnet werden könne, sondern vielmehr eine große **Vielzahl sozialer Schichten widerspiegele bzw. vereine**. Mit dem Verweis auf die Hamburger Linguistin Heike Wiese führt Lüber an, dass z. B. deutsch-türkische bilinguale Mischformen gerade bei Jugendlichen zu einer Kontaktsprache würden, zu einer „Art Lingua franca“ (Z. 58), deren Leistung darin bestehe, **ethnisch gemischte Gruppen zu verbinden**.

Möglichkeiten des Ethnolekts

Autoritätsargument

Kontaktsprache

Dem gegenüber steht die Sorge, dass **Eltern ihre Kinder**, **bzw. Erwachsene Jugendliche nicht mehr verstehen könnten**, wenn sich Sprache weiterentwickle: Eine Mutter aus Berlin-Kreuzberg – als Stadtviertel bekannt für seinen hohen Ausländeranteil – beklagt metaphorisch, sie „habe ihren Sohn auf dem Altar der Integration geopfert“ (Z. 63). Dabei differenziert Lüber zwei Aspekte: Er erweitert die „hinlänglich bekannte pubertäre Rebellion, die sich neue Worte schafft“ (Z. 70 f.), durch die sich in der „Kanak Sprak“ manifestierende **erhöhte Sprachkompetenz**, welche sich u. a. bei Jugendlichen aus Einwandererfamilien der Mittelschicht in einer **besonderen Eloquenz** widerspiegele. Zugleich übernähmen in bestimmten Stadtgebieten viele deutsche Jugendliche türkische Floskeln, was, so Heike Wiese, zu einem „urbanen Dialekt“ führen könne (Z. 79).

Reaktionen auf Mischsprache

Prognose

Klaus Lüber verdeutlicht u. a. durch das Klischee der Kreuzberger Schulhöfe (vgl. Z. 88 f.), dass **nicht jede sprachliche Mischform gleichbedeutend mit sprachlicher Qualität** sei; Gleiches gilt für die Ausdrucksformen der deutschen Rapszene. Zugleich begrüßt er jedoch prinzipiell die Erweiterung der deutschen Hochsprache durch den Einfluss des deutsch-türkischen Eth-

Schluss: Betonung eines prinzipiell positiven Einflusses seitens des Ethnolektes

nolekts, wie u. a. seine Schlussaussagen zeigen: „Der neue Ethnolekt des Deutschen nimmt Einfluß auf die Hochsprache. Nicht nur im negativen Sinn.“ (Z. 90 ff.)

Teilaufgabe 2

Zitat als Einstieg

„Isch geh Uni“, quasi eine Weiterentwicklung des Bestsellerbuchtitels „Ich geh Schulhof“ von Philipp Möller, lautet der Satz auf einer roten Werbepostkarte der Wissenschaftlichen Hochschule für Logistik und Unternehmensführung, die unlängst an Gymnasien verteilt wurde. Dieser Ausspruch ist insofern wirkungsvoll, als er den **Migrationssprachduktus mit einem akademischen Hochschulstudium gleichsetzt**. Idealerweise bedeutet das, dass ein universitärer Abschluss nicht nur jungen Menschen aus Akademikerfamilien vorbehalten ist. Zugleich mag man sich fragen: **Was geschieht mit der deutschen Hochsprache?** Nimmt das allgemeine intellektuelle wie sprachliche Niveau ab? Dies soll im Folgenden kritisch reflektiert werden.

hergeleitete Fragestellung

Argument 1 Soziolekt

Die in Lübers Artikel dargestellte „Kanak Sprak“ wird vornehmlich als ein **Phänomen jugendlicher Sprachbenutzer** definiert, welche auf der Basis des multiethnischen Sprachmix eine Art eigene Sprache, quasi einen „Geheimcode“ entwickelten. Ein solcher Soziolekt ist als Phänomen vermutlich so alt wie Sprache selbst und wird immer dann kreiert, wenn sich eine **homogene Gruppe von Sprachteilnehmern** gegenüber anderen **bewusst abgrenzen** will. Dabei kommt es mitunter durch viel Kreativität und Sprachwitz zu syntaktisch wie semantisch ansprechenden Konstrukten: Das Kompositum „Gehirnprothese“ beispielsweise steht für den Taschenrechner. Manche Begriffe finden Eingang in die gängige Hochsprache. So hat sich die Zustimmung verdeutlichende Partikel „ok“, aus dem Amerikanischen kommend, schon längst als selbstverständlicher Ersatz für „in Ordnung“ eingebürgert. Ähnliches gilt für das Attribut „taff“ (belastbar, robust): Dieser Ausdruck hat seine Wurzeln eigentlich im Jiddischen, doch hält sich volksetymologisch eher die Meinung, er stamme aus dem Englischen („tough“), sodass der Duden beide Schreibweisen zulässt. Als letztes Beispiel möchte ich das Wort „Klamotten“ anführen. Diese ursprünglich abwertende Bezeichnung für Kleidung ist mittlerweile fast salonfähig und wird selbstverständlich in das bestehende Alltagsvokabular integriert: „Klamottenladen“, „klamottentechnisch“.

Beispiele

Kontra-Argument 1 Kommunikationssperre

Ein **Soziolekt** aber – sei es ein sprachinterner, sei es einer, der sich aus einer Sprachvermischung ergibt – bedeutet zugleich immer eine **Kommunikationssperre**, wie Lüber auch in seinem Artikel, wenngleich ein wenig ironisch gebrochen, aufzeigt, indem er die Kreuzberger Mutter zitiert, die beklagt, ihren Sohn „auf dem Altar der Integration geopfert" (Z. 63) zu haben. Eine Sprachform, welche nicht alle verstehen, führt zu **Entfremdung**. Das in „Kanak Sprak" gebotene Beispiel „Tam tschuki, Lan!" („tamam cok iyi, Lan!"), das ja auch als deutscher Ausruf „geile Braut, Alder" eine Form von Jugendsprache darstellt, ist nur für einen kleinen Kreis von Sprachbenutzern verständlich, was u. a. an der besonderen Verwendung von türkischen Begriffen liegt (vgl. Z. 73 ff.). 2012 hat die Langenscheidt-Kommission beim Jugendwort des Jahres „Yalla" auf Platz 3 gesetzt. „Yalla" kommt aus dem Arabischen und heißt „schnell, beeil dich" – wer soll das verstehen ohne arabische Bekannte bzw. Wurzeln? Doch selbst englische Wörter sind für viele nicht verständlich, wenn sie in das bekannte Sprachsystem integriert werden. Meine Eltern z. B. verstehen nicht, was ich mit „dissen" und „chillen" zum Ausdruck bringen will, obwohl es diese Begriffe schon seit einigen Jahren gibt.

Beispiele

Argument 2 a: Vermengung von Sprachkulturen: linguistische Leistung, Lehnwörter

Gleichzeitig kann hier angeführt werden, dass die **Vermengung verschiedener Sprachkulturen linguistisch eine große Leistung** darstellt. Das Deutsche ist seit jeher reich an Lehnwörtern. Man denke nur an die zahlreichen **französischen Begriffe**, die im 18./19. Jahrhundert Eingang in den deutschen Wortschatz fanden und deren Beherrschung Garant für einen elaborierten Code waren. Einige ältere Menschen sprechen heute noch vom „Trottoir", wenn sie den Bürgersteig meinen, suchen auf dem Bahnhof nach dem „Quai" statt nach dem Gleis und schreiben noch „Bureau", da es vornehmer ist als „Büro". Auch in **grenznahen Regionen** sind manche Lexeme ganz selbstverständlich in die Sprache des Nachbarlands integriert: An der niederländischen Grenze radelt man sowohl auf deutscher als auch auf holländischer Seite mit der „Fietse".

Argument 2 b: kontaktinduzierter Sprachwandel: bekanntes Phänomen

Autoritätsargument

Aus kulturellem Austausch hervorgegangene **Spracherweiterung** ist **kein neues Phänomen**, sie ist in den vergangenen Jahrzehnten durch eine verstärkte Einwanderung nach Deutschland aber schneller und intensiver vor sich gegangen als bis in die 1960er-Jahre, wie auch Uwe Hinrichs in seinem SPIEGEL-Artikel „Hab isch gesehn mein Kumpel" (7/2012) darlegt. So leben z. B. in Berlin Menschen aus fast 200 verschiedenen Nationen. Diese Vielsprachigkeit hinterlässt Spuren im Sprachsystem des Ziellandes, besonders im Mündlichen. Dabei geschieht das, was andere Sprachsysteme längst kennen: Es kommt **durch die Kommunikation zur Vereinfachung von Grammatikstrukturen**, sodass u. a. Deklinationsendungen wegfallen oder falsch ge-

grammatikalische Konsequenzen

braucht werden; für die Verständigung reicht dies und kann für ausländische Deutschlerner eine Erleichterung darstellen. Beispiele dieses „foreigner talks" sind u. a. die mittlerweile gängige Komparation mit „mehr" („Das ist wirklich mehr ansprechend!"), Sätze wie „Ich kann kein Fehler erkennen." oder der o. g. Artikeltitel „Hab isch gesehn mein Kumpel".

Beispiele

Kontra-Argument 2 geminderte Sprachqualität

Hier muss jedoch der kritische Einwand erlaubt sein, dass **fremdsprachige Entlehnungen zulasten der Sprachqualität des Ziellandes** gehen. Die zahlreichen auf gebrochenem Migrantendeutsch basierenden stereotypen **Comedyproduktionen**, auf die auch Klaus Lüber eingeht, dienen zwar vordergründig der Unterhaltung, zeigen zugleich aber – meinem Empfinden nach auf menschlich unwürdige Weise – ein in vielerlei Hinsicht reales Abbild der Sprachentwicklung im Deutschen auf. **Syntaktisch** wie **lexikalisch** werden **Strukturen aufgeweicht**, sodass die deutsche Hochsprache – es mag akademisch klingen – an Qualität einbüßt. Deutsch ist durch die Flexionsendungen auch eine synthetische Sprache, d. h., dass grammatikalische Zusammenhänge nicht allein durch Eigenwörter dargestellt werden, wie es u. a. im Chinesischen, einem Paradebeispiel für eine analytische Sprache, gängig ist. Durch das Kopieren anderer Sprachsysteme entwickelt sich unsere Sprache jedoch immer mehr in Richtung analytischer Sprache, die phasenweise sogar noch insofern reduziert wird, als selbst Präpositionen wegfallen, sodass sich der Inhalt nur aus dem Zusammenhang erschließt: „Ich geh Fußball." Erschwerend kommt hinzu, dass viele deutsche Sprachbenutzer mitunter zu bequem sind, um die sich einschleichenden „Fehlkonstruktionen" zu korrigieren.

Modifikation des Deutschen hin zur analytischen Sprache

Argument 3 Sprache als identifikationsstiftendes Gut

Doch sollte auch jenseits dessen, was vornehmlich auf linguistischer Ebene geschieht, betrachtet werden, dass die dargestellte **sprachliche Vermischung menschlich und sozial wertvoll** sein kann; denn was bedeutet die Akzeptanz der nationalsprachlichen Veränderung?

Für viele Einwandererfamilien ist die **Sprache ein zentrales Gut**, das sie konkret aus ihrer Heimat mitführen können. Sprache steht für kulturelle Wurzel und Identifikation. Die **Kombination von Deutsch und eigener Sprache** kann eine **Brücke** darstellen, in der das Bemühen, die fremde Sprache anzuwenden, mit dem Sicherheit gebenden eigenen Vokabular verknüpft wird.

Wie gehemmt jemand sein kann, der aus einem fremden Land, einer fremden Kultur kommt, habe ich selbst unlängst erlebt, als die Mutter meiner Klavierlehrerin, einer Polin, die schon seit Jahren in Hamburg lebt, für ihre erkrankte Tochter eine Klavierstunde gab. Die Mutter ist erst vor einem Jahr nach Deutschland gezogen und hat noch große sprachliche Schwierigkeiten. Diese waren aber letztlich gar nicht entscheidend, denn sie konnte mir auch mit

Beispiel

einer sehr eigenwilligen Grammatik und z. T. lustig kombinierten Wörtern ihre Anliegen sehr wohl deutlich machen.

Kontra-Argument 3 gepflegte Sprache als Garant für Integration

Trotzdem: Diese **soziale Komponente**, die in jedem Fall für eine Toleranz gegenüber Übergangsvarietäten spricht, greift nur punktuell und darf **nicht kritiklos das Sprachsystem des Ziellandes aufweichen**. Vielmehr gilt dessen Erlernen als Verpflichtung, und eine Beherrschung der Fremdsprache ist ein größerer **Garant für Integration**. Nicht umsonst werden verstärkt Deutschkenntnisse und -kurse für Einwanderer gefordert. Über Sprache kann dem vieldiskutierten (sozial-politischen) Phänomen der sog. „Ghettoisierung" entgegengewirkt werden, denn gute Deutschkenntnisse bleiben – in vielen Bereichen – die „Eintritts-" oder „Visitenkarte" auch für beruflichen Erfolg. Allgemein wird bei den Einbürgerungsbehörden immer wieder auf ausreichende Deutschkenntnisse hingewiesen. Dies ist zwar eine recht unklare Definition, doch wird erklärend ausgeführt, dass die Beherrschung der deutschen Sprache für das alltägliche Leben in Deutschland von großer Bedeutung sei sowie ein zentraler Maßstab der gesellschaftlichen Eingliederung. Daraus folgt, dass die **Aufweichung der deutschen Sprache**, wenngleich nicht aufhaltbar, so doch **eingrenzbar** sein muss, damit das sich durch neue Kommunikationsmöglichkeiten ohnehin schon stark verändernde Sprachsystem nicht vollkommen unterwandert wird. Wenn die Muttersprachler ihre Sprache pflegen und Einwanderern wie sich selbst eine gewisse Eloquenz „gönnen", bleibt der eingangs zitierte Spruch ein nettes Wortspiel. Schöner wäre es, wenn wieder alle *zur* Universität gingen.

Schluss eigener Standpunkt

Sprache ist stets im Wandel, wie die Etymologie vom Althochdeutschen über das Mittelhochdeutsche zum Neuhochdeutschen zeigt. Veränderungen im lexikalischen wie syntaktisch-grammatikalischen Bereich wird es immer geben. Eine **zu schnelle Akzeptanz einfacherer Strukturen** ist meines Erachtens jedoch **nicht anzuraten**, ebenso wenig wie eine Glorifizierung der von Klaus Lüber umschriebenen „Kanak Sprak". Vielmehr sollten gerade Deutschlerner **gute sprachliche Vorbilder** vorfinden, um ihre Deutschkenntnisse weiterentwickeln zu können.

Mancherorts wird ein „Deutschzwang", z. B. auf Schulhöfen, diskutiert, um die Sprachkompetenz ausländischer Jugendlicher zu fördern. Ob diese Maßnahme die richtige ist, vermag ich ad hoc nicht zu sagen. Wichtiger erscheint mir, dass das Deutsch, das die jungen Menschen hören und lesen, ein korrektes und ansprechendes ist. Ein gepflegter Ausdruck kann mindestens so viel Freude bereiten wie die Comedyform.

Aufgabenstellung

1. Analysieren Sie, wie die Autorin Tanja Dückers ihre Position argumentativ entwickelt und welche sprachlichen Mittel sie verwendet. (40 %)
2. Schreiben Sie einen Leserbrief für die Plattform ZEIT Online, in dem Sie zu der angesprochenen Thematik eine eigene Position entwickeln. Ihr Text sollte etwa 800 Wörter umfassen. (60 %)

Text

Mal ein Lungenbrötchen reinziehen

VON TANJA DÜCKERS

Die meisten Deutschen glauben, unsere Sprache sei vom Verfall bedroht. Ein Irrtum.

Waren Sie am Wochenende wieder auf der Piste, dass es so richtig gefetzt hat? Sind Sie auf eine oberaffengeile Fete zum Abhotten gegangen, haben sich ein Lungenbrötchen[1] nach dem anderen reingezogen, ordentlich gealkt, bis Sie voll bedröhnt waren, gar noch am Ende eine Trulla – hoffentlich keine Breitbandnudel[2] – aufgerissen[3]? Wenn ja, dann haben Sie bestimmt nicht später in dieser Sprache davon berichtet.

Zwanzig Jahre sind vergangen, und schon kommen uns ‚oberaffengeil', ‚Abhotten', ‚Lungenbrötchen' und ‚Trulla' mächtig altmodisch vor. Dass nach der jüngsten Studie des Demoskopischen Instituts in Allensbach zwei Drittel aller Deutschen (65 Prozent) glauben, die deutsche Sprache sei vom Verfall bedroht, sollte niemanden beunruhigen. Entweder die Deutschen fürchten sich davor, selbst auszusterben, oder aber sie glauben, ihre Sprache sei dem Untergang geweiht – eines von beiden ist immer Thema.

Sprache ist ein lebendiges Konstrukt, sie verhält sich nicht statisch zum Sprecher, sie verfällt nicht – dies ist eine elitäre, moralische Kategorie –, sondern verändert sich. Und oft kann man über genau diesen Prozess der organisch-ungesteuerten Veränderung von Sprache nur froh sein. Eine prima Party ist doch allemal einer oberaffengeilen Fete vorzuziehen. Und die Welt der Trullas (alternativ: Tussis) teilt sich zum Glück auch nicht mehr in ‚Breitbandnudeln' und ‚Bohnenstangen' ein.

Wenn der kultur- und medienpolitische Sprecher der FDP-Bundestagfraktion, Christoph Waitz, nun panisch sagt, dem offensichtlichen Sprachverfall müsse „Einhalt geboten werden", darf man sich nicht von dieser Hysterie anstecken lassen. Einhalt geboten werden muss höchstens der Verbreitung seiner Idee, dass nun die Eliten (Waitz) gefordert sind, ihren Mitbürgern das Sprechen beizubringen. Was für ein Vorschlag: Da sollen ein paar Hundert ‚Experten' Millionen Menschen erklären, welche Worte sie in den Mund nehmen dürfen?

Was ist das für eine unglaubliche Einmischung in die Privatsphäre eines Menschen? Es wäre nichts dagegen einzuwenden, wenn Zeitungen und Verlage mehr Redakteure und Lektoren einstellen würden, damit man nicht ständig über Kommafehler und falsche ß stolpert. Aber lasse ich mir das ‚Simsen' verbieten, laut Waitz ein „Paradebeispiel für die Verschluderung unserer Sprache"?

Auch das Magazin „Der Spiegel" hat die Angst vor einem Sprachverfall aufgegriffen und zum Titelthema gemacht.

Der Vorsitzende der Gesellschaft für deutsche Sprache, Rudolf Hoberg, hat die Ergebnisse der neuen Allensbach-Studie relativiert: „Klagen über Sprachverfall gibt es seit den alten Ägyptern und den alten Griechen, vor allem von der älteren Generation." Auch von Gesetzen zur „Rettung der deutschen Sprache" hält Hoberg wenig, denn „jede Sprache verändert sich im Laufe der Zeit".

Zumal sich bei solchen Projekten immer die Frage stellt, wer das geistige, in diesem Fall: linguistische Monopol, für sich beansprucht. Es ist, wie der Berliner Journalist und Autor Bodo Mrozek, Verfasser des Bestsellers „Lexikon der bedrohten Wörter", in seinem Vorwort schreibt: Für die Entscheidung, ob ein Wort zeitgemäß ist oder nicht, gibt es einfach „keine objektiven Kriterien". Er zitiert Otto Violans mit den Worten: „Wörter werden geboren. Sie welken und sie sterben."

Kulturwissenschaftlich lässt sich mit Jan und Aleida Assmanns Modell vom „kommunikativen" und vom „kulturellen" Gedächtnis argumentieren: Während das „kommunikative Gedächtnis" an lebendige Träger gekoppelt ist, also meist ungefähr 70 bis 90 Jahre umfasst, hat das „kulturelle Gedächtnis" einen längeren zeitlichen Horizont (Mythen, Märchen, Legenden, Rituale, Bräuche, Religion). Sprache ist natürlich auch von seiner Basis her im „kulturellen Gedächtnis" verankert, wird aber immer durch das „kommunikative Gedächtnis" überformt und erweitert.

Davon abgesehen ist der gegenwärtige „Sprachverfall" eher ein gefühlter als ein realer, wie die taz feststellte: „Die Rechtschreibdefizite der Jüngeren sind heute nicht größer als auch schon vor zwanzig Jahren, und das trotz der Explosion der höheren Bildungsabschlüsse."

Linguisten wie Nils Langer (*The Making of Bad Language: Lay Linguistic Stigmatisations in German: Past and Present*) haben bewiesen, dass beispielsweise die Verwendung von ‚wegen' mit dem Dativ alles andere als eine moderne „Sprachverschluderung" ist: –„schon im 17. Jahrhundert wurde diese Wendung benutzt und galt – noch – als korrekt."

Langer glaubt, dass Sprachgesetze und -ratgeber in erster Linie definieren, was dem Sprachgebrauch der jeweils gebildeten Mittelklasse entspricht. Dann, resümiert er, kann man aber nicht von Sprachverfall reden. Vielmehr handele es sich um das Phänomen, dass man ab einem gewissen Alter immer denkt, früher sei alles besser gewesen: „Kleidung, Musik, Moral, Abitur, und eben auch die Sprache."

Dem entspricht auch, dass in der Allensbach-Studie der „Sprachverfall" in erster Linie von älteren Mitbürgern gewittert wird. Was heute die Abneigung gegen Anglizismen ist, war Ende des 19. Jahrhunderts die gefürchtete „Effeminisierung"[4] der deutschen Sprache durch das weit verbreitete Französisch.

Insgesamt muss man wohl eher von einer Sprachinflation als von Sprachverfall sprechen: 1880 zählte der Duden noch 27.000 Wörter, im Jahr 2005 waren es 125.000. Jedes Jahr kommen im Durchschnitt 1000 Wörter hinzu.

Auch muss deutlich widersprochen werden, wenn Herr Waitz sich über so hübsche Begriffe wie Simsen aufregt. Herr Waitz, was schlagen Sie denn stattdessen vor? Glauben Sie, dass man auf dem Schulhof sagen wird: „Jetzt werde ich mal den Kurzmitteilungsdienst verwenden?"

www.zeit.de/online/2008/25/sprachverfall-irrtum; ZEIT ONLINE; veröffentlicht am: 17.6.2008

Zur Autorin:
Tanja Dückers (geb. 1968) ist eine deutsche Schriftstellerin und Journalistin.

Anmerkungen

1 Lungenbrötchen: jugendsprachlicher Ausdruck für „Zigarette"

2 Breitbandnudel: abfällig gemeinte Anspielung auf das erhöhte Körpergewicht einer Frau

3 Laut Nikolaus Mützels „Sprache – oder was den Mensch zum Menschen macht" (2007) sind diese Begriffe in den achtziger Jahren in Mode gewesen.

4 Effeminisierung: Verweiblichung

Musterlösung

Teilaufgabe 1

Einleitung: Autor, Text, Datum der Veröffentlichung, Thema

Die Schriftstellerin und Journalistin Tanja Dückers beschäftigt sich in ihrem Zeitungskommentar „Mal ein Lungenbrötchen reinziehen", der am 17. 6. 2008 auf ZEIT Online veröffentlicht wurde, mit der vielfach in der Öffentlichkeit vertretenen These, im gegenwärtigen Sprachgebrauch sei ein **Verfall der deutschen Sprache** zu beobachten.

inhaltliche Positionierung der Autorin

Die Autorin positioniert sich gleich zu Beginn des Artikels, indem sie die im Lead formulierte These zurückweist: „Die meisten Deutschen glauben, unsere Sprache sei vom Verfall bedroht. Ein Irrtum." (Z. 1) In seiner elliptischen, feststellenden Form vermeidet es dieser Kurzsatz, die Thematik offenzuhalten, und **bietet dem Leser eine klare Orientierung**.

Analyse der sprachlichen Gestaltung

Tanja Dückers steigt unvermittelt und anschaulich mit **Beispielen einer jugendlichen Szenesprache** ein, die dem Leser einen unmittelbaren Eindruck von der Vielgestaltigkeit der Sprache geben. Mit der **direkten Leseransprache** im Einstieg („Waren Sie […]? Sind Sie […]? Wenn ja, dann haben Sie […]", Z. 2 ff.) und der **komischen Wirkung** von veralteten sprachlichen Wendungen, die Jugendlichen vor ca. 30 Jahren im Mund führten („oberaffengeil", „Abhotten", Z. 3), bereitet Sie den Nachvollzug ihrer **zentralen These** vor: **Sprache sei ein „lebendiges Konstrukt", das der Veränderung unterworfen sei** (vgl. Z. 15 ff.). Dieser Veränderungsprozess gestalte sich „organisch-ungesteuert" (Z. 17 f.) im kommunikativen Prozess der Menschen und sei uneingeschränkt positiv zu bewerten (vgl. Z. 17 ff.). Die Überzeugungskraft liegt für den Leser auf der Hand, da die angeführten Beispiele seinerzeit als Symptom eines Sprachverfalls gegolten haben mögen, der so nicht eingetreten ist. Mit **großer Ironie** verspottet die Verfasserin die Ängste der Deutschen, die entweder den eigenen Untergang oder den ihrer Sprache befürchteten.

Analyse der Argumentationsstruktur, verbunden mit der Analyse der sprachlichen Gestaltung

Ihrer These des Sprachwandels stellt Dückers im Folgenden die Forderung des FDP-Politikers Christoph Waitz gegenüber, dem „offensichtlichen Sprachverfall" sei „Einhalt" zu gebieten (Z. 23 ff.). Dabei **wertet sie dessen Position ab**, indem sie ein **negativ konnotiertes Adjektiv** („panisch", Z. 23) sowie den Begriff „Hysterie" (Z. 26) verwendet, und appelliert somit indirekt an die Leser, sich nicht einer als unsachlich charakterisierten Position anzuschließen. **Ironisierend** und in auffälliger Inversion konkretisiert sie die Forderungen von Waitz: Es sei Aufgabe einer nicht näher definierten „Elite", der breiten Bevölkerung den richtigen Umgang mit der deutschen Sprache nahezubringen (vgl. Z. 30 ff.). Mit einer Reihe von **rhetorischen Fragen**, die dem Leser die

Absurdität dieser Vorstellung verdeutlichen sollen („Da sollen ein paar Hundert ‚Experten' Millionen Menschen erklären, welche Worte sie in den Mund nehmen dürfen?", Z. 33 ff.), und mit einer **emotionalisierenden Bewertung** („Was ist das für eine unglaubliche Einmischung in die Privatsphäre eines Menschen?", Z. 38 ff.) entlarvt die Verfasserin diese Ansicht nicht nur als unrealisierbar, sondern **gibt sie auch der Lächerlichkeit preis**. Wenn Dückers sich auch entschieden gegen eine wie auch immer geartete autoritative Lösung positioniert, lenkt sie doch in gewisser Weise ein: Indem sie auf den in vielen Print-Medien erfolgten Abbau der Lektorats- und Redakteursstellen hinweist, der sich in einer Häufung von vermeidbaren Fehlern in Zeitungen und Büchern niederschlage, **konstatiert sie implizit das Phänomen zunehmender Rechtschreibprobleme in Publikationen** (vgl. S. 41 ff.).

Einlenken bezogen auf die Behauptungen der Gegenseite

Stützung der eigenen Position durch Autoritätsargumente und historisch-theoretische Ansätze

Im Folgenden referiert die Autorin verschiedene **Autoritäten** und **theoretische Ansätze**, die ihre These des Sprachwandels stützen. Zum einen verweist sie auf den Vorsitzenden der **Gesellschaft für deutsche Sprache**, Rudolf Hoberg, der die Ergebnisse einer Studie des Demoskopischen Instituts kommentiert, wonach 65 Prozent der Befragten die These des Sprachverfalls für richtig erachteten (vgl. Z. 11 f.). Hoberg relativiere die Ergebnisse, indem er betone, dass bereits seit dem Altertum die jeweils ältere Generation im Sprachgebrauch der jüngeren Generationen Anzeichen des Sprachverfalls gesehen hätte (vgl. Z. 49 ff.). Im Übrigen lehne er jede gesetzliche Regelung zur „Rettung der deutschen Sprache" (Z. 51 f.) ab und erkenne gleichermaßen im Wandel der Sprache einen natürlichen Veränderungsprozess (vgl. Z. 52). Diesen Gedanken weiterführend zitiert Dückers den Journalisten Bodo Mrozek, Verfasser des „Lexikons der bedrohten Wörter", der die Position vertritt, **dass es „keine objektiven Kriterien"** (Z. 57 f.) **für die Zeitangemessenheit eines Wortes** gibt. Auch der Rückbezug Mrozeks auf die von Otto Violans stammende Sentenz „Wörter werden geboren. Sie welken und sie sterben" (Z. 58 f.) unterstreicht die These der Autorin. In dieser Frage der Adäquatheit sprachlicher Ausdrucksweisen gebe es kein „Monopol" für irgendjemand (Z. 54). Schließlich dient die Bezugnahme auf die **Differenzierung zwischen einem „kulturellen" und einem „kommunikativen" Gedächtnis**, die von den Kulturwissenschaftlern Jan und Aleida Assmann entwickelt worden ist (vgl. Z. 60 ff.), dazu, kurzlebige Phänomene der gesprochenen Sprache – wie die eingangs dokumentierten Beispiele des Jugendjargons der 1980er-Jahre – einzuordnen: Während in einem „kulturellen Gedächtnis" basale und kulturell prägende sprachliche Elemente abgespeichert seien, wirke das „kommunikative Gedächtnis" zeitlich begrenzt als Überformung und Erweiterung einer grundlegenden Sprachkompetenz (vgl. Z. 65 ff.).

Um ihre These weiter zu untermauern, greift die Autorin auf eine Aussage der *taz* zurück, nach der sich **die Rechtschreibdefizite der jeweils jungen Generationen seit Jahrzehnten nicht vergrößert hätten** – eine genauere Angabe zur Fundstelle fehlt allerdings. Höhere Validität hat der Hinweis auf die Untersuchungsergebnisse des Linguisten Nils Langner, der zum einen die historische Relativität bestimmter grammatischer Schwierigkeiten der Gegenwart (Beispiel: Gebrauch des Dativs nach „wegen") betont (vgl. Z. 72 ff.). Zum anderen führt er eine **soziologische Betrachtungsweise** ein, indem er gegenwartssprachliche Phänomene unter demografischen Gesichtspunkten untersucht und zu dem Ergebnis gelangt, dass vor allem die älteren Generationen über einen Sprachverfall klagten (vgl. Z. 79 ff.). Sprachratgeber würden nur die Sprachpraxis der „gebildeten Mittelklasse" (Z. 78) dokumentieren. Diesen Befund greift Tanja Dückers auf und sieht darin eine Entsprechung zu den Ergebnissen der eingangs zitierten Allensbach-Studie, da ein Sprachverfall im Sprachgebrauch der Gegenwart „in erster Linie von älteren Mitbürgern gewittert" (Z. 83 f.) werde.

Stützung durch empirische Daten

Als letzte argumentative Stütze ihrer Position dient ein **Faktenargument:** Nach Angaben des Duden **wächst der Wortschatz der deutschen Sprache gegenwärtig** um jährlich ca. 1 000 Wörter und das Wortvolumen des Duden habe sich zwischen 1880 und 2005 in etwa verfünffacht (vgl. Z. 87 ff.). Dieses Phänomen bezeichnet die Autorin als „**Sprachinflation**" (Z. 87) und sieht darin einen schlagenden Gegenbeweis zur These eines Sprachverfalls.

Stützung durch Faktenargument

Der Artikel schließt mit einer nochmaligen **ironisierenden Bezugnahme auf die Meinung des FDP-Politikers Waitz** und dessen Inkriminierung des Modeworts „simsen". Mit diesem **Rückbezug wird der Gedankengang der Argumentation abgerundet**.

Aufbau der Argumentation

Tanja Dückers vertritt ihre These, die Veränderungen in der Gegenwartssprache seien Ausdruck eines Sprachwandels, ohne jede Einschränkung und unter Bezugnahme auf Expertenmeinungen. Ihr Artikel entspricht in seiner inhaltlichen Pointierung der **journalistischen Textsorte des Kommentars**. Eine vertiefende Differenzierung sowie eine argumentative Auseinandersetzung mit Gegenpositionen finden allerdings nicht statt. Die Autorin dokumentiert jedoch mit der Breite der angeführten Bezüge ihre kenntnisreiche Beschäftigung mit der Thematik und spricht mit dem Sprachniveau ihres Textes den **gebildeten und für kulturelle Phänomene sensibilisierten Leser** an, wobei die Elemente der direkten Leseransprache sowie der anekdotische Einstieg geeignet sind, das Interesse zu wecken und die Lesemotivation hochzuhalten.

Schluss: Zusammenfassung

Textsorte: Kommentar

Rückschluss vom Sprachniveau auf intendierte Leserschaft

Teilaufgabe 2

Sehr geehrte Damen und Herren der Redaktion von ZEIT Online,
ich bitte um das Posten des folgenden Leserbriefs:

Unsere Sprache darf nicht verludern

Offenlegung der eigenen Motivation

In den letzten Monaten des Unterrichts vor der Abiturprüfung haben wir uns im Deutschunterricht intensiv mit Problemen der Gegenwartssprache beschäftigt. Aufgrund dieser Auseinandersetzung hat mich der Artikel „Mal ein Lungenbrötchen reinziehen" von Tanja Dückers, der am 17. 6. 2008 auf ZEIT Online veröffentlicht wurde, doch **sehr irritiert**. Ihre Position möchte ich kritisch kommentieren. Tanja Dückers hebt darauf ab, dass der vielfach beklagte Sprachverfall vor allem eine angstbesetzte Vorstellung älterer Menschen sei, denen Veränderungen jedweder Art verdächtig vorkämen und die vergangene Zustände durchweg als die besseren verklären würden. **Sie leugnet die Existenz eines Sprachverfalls** und legt dar, dass Sprache „ein lebendiges Konstrukt" (Z. 15) sei – und wer würde Letzteres bestreiten können? Zustimmend zitiert sie eingängig formulierte Sentenzen („Wörter werden geboren. Sie welken und sie sterben.", Z. 58 f.) und zeigt an anschaulichen Beispielen, dass diese Formulierung durchaus die Realität widerspiegelt. Von einem „Lungenbrötchen" wird heute auch in sprachspielerischer Absicht niemand mehr sprechen, da die damit verbundene Verharmlosung der Zigarette nicht mehr toleriert werden würde. Frau Dückers erhält sicherlich viel Beifall für ihre Position, insbesondere von der jüngeren Generation. Mich jedoch hat ihre Argumentation sehr überrascht, um nicht zu sagen befremdet, denn eine so entschiedene Zurückweisung aller Bedenken der „Sprachschützer" hätte ich von **einer deutschen Schriftstellerin** nicht erwartet.

Darstellung der Position der Autorin

Berücksichtigung des Profils der Autorin

Abgrenzung der eigenen Position

Ohne in einen unkritischen Sprachpurismus verfallen oder einer Deutschtümelei das Wort reden zu wollen, halte ich eine sprachpflegerische Intention nicht von vorneherein für eine zu belächelnde oder gar generationsspezifische Haltung. **Sprache** ist für mich **mehr als ein Instrument der Informationsvermittlung**; sie ist wesentlicher **Träger der Kultur**, in der ich lebe, und **Medium** des **Selbstausdrucks** eines jedes Sprechers. **Negative Entwicklungen abzuwehren** und problematische Erscheinungen **kritisch zu hinterfragen**, halte ich für geboten.

eigene Position

Abklärung des Problems/des Themas

Eine Voraussetzung für jede kritische Überlegung besteht jedoch in einer differenzierten Betrachtung der Phänomene und einer **Klärung von Begriffen**. In dieser Hinsicht verfährt Tanja Dückers in ihrem Kommentar eher oberflächlich. Welche Phänomene erfasst sie unter der Rubrik „Sprachverfall"?

Geht es nur um die aufgeführten Beispiele der Veränderungen im Wortschatz, um Jugend- und Gruppensprache, die Akzeptanz des Siegeszugs von Anglizismen oder doch auch um Satzstrukturen und Grammatik?

Zugegebenermaßen wirken die **jugendsprachlichen Beispiele** aus den 80er/90er-Jahren des letzten Jahrhunderts heute komisch, allerdings hat die sprachliche Abgrenzung Jugendlicher von der Welt der Erwachsenen eine sehr lange Tradition. Ein solcher **Soziolekt** markiert in der sprachlichen Entwicklung der Sprecher ein **Durchgangsstadium** und unterliegt einem starken Veränderungsdruck, denn **diese Sprachvarietät lebt von der Kreativität und dem Sprachwitz der jeweiligen jüngeren Generation** – auch gegenüber der vorgefundenen Jugendsprache. An der Existenz von Jugendsprache können sich ernsthafte Bedenken nicht festmachen, daher wirkt Dückers' breite Darbietung dieser Beispiele eher wie eine Ablenkung von wirklichen Problemen.

Bewertung des Phänomens Jugendsprache

Von anderer Qualität sind die beobachtbaren **Veränderungen grammatischer Strukturen** unter dem allgegenwärtigen Einfluss der **Anglizismen**. Die wachsende Verflechtung der Wirtschaftsräume und die Dynamik der Warenströme rund um den Globus erfordern eine enge Kommunikation unter allen Marktteilnehmern und dieser Prozess beförderte die **englische Sprache** in eine zentrale Position **als „lingua franca"**. In der Folge führte dies zum einen zu einer Vielzahl von Adaptionen von Wörtern und Wendungen aus dem Englischen und zum anderen zu **ungrammatischen Verschmelzungen**, bei denen englische Wörter in deutsche Grammatikstrukturen gepresst werden. Dieses Phänomen – **Denglisch** genannt – ist vor allem kritisch zu bewerten und abzugrenzen von einer bereichernden Erweiterung des Wortschatzes um Anglizismen. Bei der Erweiterung des Wortschatzes, den Tanja Dückers ja lediglich unter dem schillernden Begriff der „Sprachinflation" betrachtet, lässt sich **differenzieren nach dem Kriterium**, ob eine adäquate Übersetzung in die deutsche Sprache möglich ist. Soweit englische Wörter einen Tatbestand sprachökonomischer und semantisch treffender als eine weitschweifige Übersetzung vermitteln können, sollten diese **Anglizismen als Bereicherung und Erweiterung** begrüßt werden. Die sprachlichen Gebilde jedoch, die unter dem Begriff „Denglisch" firmieren, sollten nach meiner Meinung nicht kommentarlos und kritiklos verbreitet werden, da sie das Sprachgefühl der Sprecher deutscher Sprache nachhaltig verunsichern und stören können. In diesem Zusammenhang finde ich die Argumentationslinie von **Dieter E. Zimmer** überzeugend. Er verweist auf einen **„Tiefencode der Sprache"** und meint damit vor allem Syntax, Konjugation und Deklination. Dieser Tiefencode müsse unangetastet bleiben mit der Folge, dass Formulie-

Autoritätsargument

rungen wie „gedownloaded“ oder „gechilled“ als unkorrekt markiert und nicht toleriert werden sollten. Das von Tanja Dückers herausgestellte „simsen“ könnte hingegen als Neologismus akzeptiert werden.

Ich stimme mit der Autorin in der Auffassung überein, dass Sprache der permanenten Veränderung unterliegt und dieser Prozess ungesteuert verläuft. Ähnliche Vorstellungen vertritt der Sprachwissenschaftler **Rudi Keller**, wenn er als Veranschaulichung eines **evolutionären Veränderungsprozesses** das **Bild der Trampelpfade** bemüht, die Menschen auf ihrer Suche nach Abkürzungen auf einer Rasenfläche im Laufe der Zeit entstehen lassen. Aber diese Veränderungen vollziehen sich über einen längeren Zeitabschnitt; die Akzeptanz neuer Schreibweisen, die anfänglich punktuell zu beobachten sein mögen, setzt einen hohen Grad an Verallgemeinerung voraus, bevor die Quantität sozusagen in Qualität umschlägt. Tanja Dückers weist darauf hin, dass „keine objektiven Kriterien“ für die Angemessenheit von Wörtern existieren und niemandem ein „linguistisches Monopol“ zukommt, und dennoch gab und gibt es zu jeder Zeit eine weitgehend gesicherte Auffassung darüber, was richtiges und falsches Deutsch ist. Die **Forschungsergebnisse des Linguisten Nils Langer können auch anders gelesen werden**, als Dückers es offenbar tut: Langer zeigt am Beispiel der Verwendung des Dativs nach „wegen“, dass sich im Verlauf von Hunderten von Jahren die Auffassung über die Korrektheit verändert hat. Dennoch macht derjenige einen grammatischen Fehler, der heute nach „wegen“ den Dativ folgen lässt, und ein Verweis auf eine entsprechende Praxis vor ca. 300 Jahren wird ihm aktuell nichts nützen. Vielleicht wird am Ende eines längeren Prozesses diese Fügung wieder akzeptiert werden. Aber ein solcher Prozess muss begleitet werden von einem **kulturellen und sprachkritischen Diskurs**, der von möglichst vielen in der Gesellschaft getragen wird. In diesem Sinne ist ein fortwährendes Gespräch über die Phänomene der Gegenwartssprache wichtig und zielführend. Dieser Diskurs sollte das jeweilige Gegenüber in seinen Wertungen und Positionen als gleichwertig ansehen und übertriebene Verunglimpfungen vermeiden.

Autoritätsargument

andere Deutung der von Dückers zitierten Aussagen

appellative Schlussbemerkung

Susanne Meyer, Hannover, Celler Straße 20

Themenfeld „Medien“

Medienbegriff

Der Begriff der Medien wird in der Forschung sehr ambivalent diskutiert und von verschiedenen wissenschaftlichen Disziplinen auf unterschiedliche Weise in Anspruch genommen.

Im Sinne eines sehr weiten, universellen Medienbegriffs kann jede Höhlenmalerei, jede Hieroglyphe, Schriftrolle oder antike Inschrift als Medium bezeichnet werden, weil in der Kommunikation zwischen Sender und Empfänger das Zeichen nicht unmittelbar und damit flüchtig überliefert, sondern medial festgehalten wird. Das **Medium verleiht** dem, was mitgeteilt werden soll, **Dauer** und ermöglicht zudem, dass nicht nur ein Adressat das Mitgeteilte empfängt, sondern dass sich der Sender sowohl an **mehrere Adressaten** seiner Generation als auch an eine ihm möglicherweise unbekannte Adressatenschaft zukünftiger Generationen wenden kann. Das Herrscherlob auf einem römischen Triumphbogen richtet sich zunächst an die Zeitgenossen, hat aber auch die Intention, diese Aussage für alle zukünftigen Generationen festzuhalten. Nur durch Medien wurde Geschichte geschrieben, Literatur erschaffen, Wissenschaft ermöglicht.

Im Hinblick auf die Analyse und Erörterung des Themas Medien im Deutschunterricht lässt sich der Wandel des Medienbegriffs am besten anhand der Geschichte der Medien selbst darstellen.

Mediengeschichte

Die Geschichte der Medien lässt sich in **drei Phasen** gliedern, anhand derer die sukzessive „Beschleunigung, Verdichtung und Vervielfältigung“[6] aufgezeigt werden kann.

Im Gegensatz zu den oben genannten Schriftrollen oder Marmorinschriften zeichnet sich das **moderne Medium** durch das Charakteristikum seiner **technischen Reproduzierbarkeit** aus. Damit wird die Möglichkeit bezeichnet, das Medium innerhalb kurzer Zeit so häufig wie gewünscht entweder vervielfältigen (z. B. Bücher, Zeitschriften, elektronische Dokumente) oder wiedergeben (z. B. Tondokumente, Filme) zu können, was voraussetzt, dass es in großer Zahl produziert und/oder gespeichert wird.

1. Phase: 15. Jahrhundert

Somit wird der Beginn der **ersten Phase der Mediengeschichte** mit der Erfindung des Buchdrucks in der Mitte des 15. Jahrhunderts angesetzt. Während Bücher bis dahin dadurch entstanden und tradiert wurden, dass sie in Klosterschulen und Bibliotheken mühsam von schreibkundigen Mönchen abgeschrieben wurden, eröffnete sich nun die Möglichkeit, das gleiche Buch in relativ kurzer Zeit so zahlreich wie nötig zu drucken. Gutenbergs Drucktech-

6 Die folgende Darstellung stützt sich auf: Hans-Dieter Kübler: Medien- und Massenkommunikation: Begriffe und Modelle. In: http://www.mediaculture-online.de/fileadmin/bibliothek/kuebler_begriffe/kuebler_ begriffe.pdf, S. 5–13.

erste Kommunikationsrevolution

nik zog umwälzende Veränderungen für Literatur, Kommunikation und Kultur nach sich, welche die Grundlage für den Literaturmarkt, die Entstehung und Entwicklung der Printmedien, die Alphabetisierung und Literarisierung der Bevölkerung, die Entwicklung der Wissenschaften und die Herausbildung der gesellschaftlichen Klasse des Bürgertums bildeten. Dessen „Forderungen nach Öffentlichkeit und Demokratie sowie d[ie] Entwicklung individuelle[r] Bildung […] und des logischen Denkens" wären ohne die Entwicklung der Drucktechnik nicht möglich gewesen. Man kann deshalb nicht nur von der ersten Phase der Mediengeschichte sprechen, sondern auch von der **ersten Kommunikationsrevolution**.

2. Phase: 19. Jahrhundert

Als **zweite Phase der Mediengeschichte** lässt sich die Entwicklung der Massenmedien festsetzen, welche Mitte des 19. Jahrhunderts einsetzte. Neben der Weiterentwicklung der Drucktechnik, die durch die Erfindungen der Schnell- und Rotationspresse und der Linotype, einer automatischen Zeilensetzmaschine, nun deutlich effizienter als die beweglichen Lettern Gutenbergs arbeitete, ermöglichten neue Medien wie Fotografie, Telegrafie, Film, Hörfunk, Telefon und Fernsehen zusätzliche und andersartige Kommunikationsformen. Das **Phänomen der Massenmedien** ist nur durch diese neuen Medien denkbar, weil sich erst durch diese eine schnelle Nachrichtenübermittlung, ein „weltumspannende[r] Informationsaustausch", der Begriff der Aktualität und ein „Markt für Nachrichten" herausbildeten. Neben dem Bereich der Informationsmedien wurden auch die Unterhaltungsmedien massenkompatibel. So entwickelte sich aus den Anfängen des Kinos das Monopol der Filmindustrie in Hollywood. Der Hörfunk hatte neben der Unterhaltungs- auch eine Informationsfunktion. Über die Entwicklung der Printmedien und die Ausstrahlung des Fernsehens in immer mehr private Haushalte erlangte die Werbung eine wachsende Bedeutung als „Katalysator zwischen Medienindustrie, -inhalten und Konsum".

neue Medien

Massenmedien

Journalismus

Informations- und Unterhaltungsmedien

Selbstreferenz

Damit ging auch automatisch das mediale **Phänomen des Selbstreferentiellen** einher, also der Bezugnahme der Medien auf Medien – ein Phänomen, das heute allgegenwärtig ist, wenn sich z. B. Fernsehmoderatoren gegenseitig einladen oder im Internet Filme hochgeladen werden, die nur verstanden werden können, wenn man die im Internet veröffentlichten Filme kennt, als deren Kopie bzw. Karikatur sie sich verstehen.

analoge vs. digitale Codierung

rezipierende vs. interaktive Kommunikation

Die ersten beiden Phasen der Mediengeschichte vereint im Kontrast zur dritten Phase die Tatsache, dass ihre Medien **analog** codiert sind und ihre Rezipienten lediglich passiv konsumieren. Die zweite Phase ist zudem dadurch charakterisiert, dass die sich nun sprunghaft entwickelnden und verbreitenden Medien für den Empfänger alltäglich werden und er über sie zu Hause öffentliche, journalistische Inhalte empfängt.[7]

3. Phase/ Kommunikationsrevolution

Im Gegensatz dazu ist die **dritte Phase der Mediengeschichte** und damit die **dritte Kommunikationsrevolution** durch **Digitalisierung** und **Interaktivität** gekennzeichnet. Sie wird etwa ab den 1940er-Jahren angesetzt, weil in diesem Zeitraum die ersten Universalrechner bzw. Relaiscomputer entwickelt wurden. Der Personal Computer entstammt den 70er-Jahren, ab 1985 stand erstmals ein Leitungsnetz (ISDN), ab den 90er-Jahren das Internet zur Verfügung. Während sich die Entwicklung des Internets in den 60er-Jahren zunächst im militärischen und geheimdienstlichen Bereich vollzog, begann mit der Öffnung zum privaten Online-Medium in den 70er-Jahren ein sprunghafter Anstieg der Nutzerzahlen. Befördert wurde die zunehmende Privatisierung und Alltäglichkeit durch die sich schnell verbessernde Benutzerfreundlichkeit der Systeme bis hin zur Entwicklung des Wold-Wide-Web im Jahre 1992 im europäischen Kernforschungszentrum (CERN) in der Schweiz. Neben der boomenden Entwicklung des Online-Mediums ist der Durchbruch der mobilen Telefonie seit dem Ende der 80er-Jahre charakterisierend für die dritte Phase.

Entwicklung des Internets

Interpersonale vs. Massenkommunikation

Hinsichtlich der Kommunikation wird deutlich, dass mit der dritten Phase die strenge Unterscheidung zwischen interpersonaler und Massenkommunikation überholt ist, dass sich die Masse der Nutzer in spezielle Zielgruppen aufteilt bis hin zur Individualisierung am PC.[8] Das Internet fungiert einerseits als Massenmedium, bietet darüber hinaus aber auch hochgradig personalisierte Nutzungsmöglichkeiten, deren Bandbreite so groß ist wie die Zahl seiner Nutzer.

Der Eintritt in eine jeweils neue Phase der Mediengeschichte bedeutete nicht, dass die Medien der vorherigen Phase nicht mehr genutzt wurden; vielmehr wurden die jeweils neuen Medien zusätzlich und neben den alten Medien verwendet. Weitestgehend abgelöst sind lediglich einzelne Speichermedien wie z. B. die Floppy-Disc, während z. B. die Langspielplatte nach wie vor Käufer findet.

Die Aktualität der Medientheorien

Walter Benjamin

Als Begründer der modernen Medientheorie gilt der Geschichtsphilosoph, Literaturkritiker und Kunstsoziologe **Walter Benjamin** (1892–1940). In seinem Essay *Das Kunstwerk in Zeiten seiner technischen Reproduzierbarkeit*

7 Ebd., S. 7.
8 Vgl. ebd., S. 13.

geht er auf die Auswirkungen der elektronischen Medien und der Massenkommunikation auf das Kunstverständnis, das Verhältnis zwischen Künstler, Kunstwerk und Rezipient und die Gesetze des Marktes, die auch für Künstler gelten, ein.[9] Damit weist Benjamin auf den heutigen Kulturbetrieb, der von Automatisierung und gleichermaßen von Kapitalisierung und Kürzungen geprägt ist, voraus. Seine Vorstellung vom modernen Kunstwerk als Rekombination bereits bekannter Werke findet sich in der Idee des Internets, in Mashups und Collagen wieder.

Marshall McLuhan

Als erster namhafter Medientheoretiker des Zeitalters der Massenkommunikation gilt der kanadische Kommunikationswissenschaftler **Marshall McLuhan** (1911–1980).[10] Er prägte für die Medien den Begriff der *extensions of man*, d. h., Medien wurden als künstliche Erweiterungen des Körpers verstanden, eine Idee, die sich heute in der Darstellung von Androiden und Terminatoren[11] in der Science-Fiction wiederfindet und die durch die Schlagworte Gentechnik und Doping aktuelle Brisanz erhält. In seinem bekanntesten Werk *Understanding Media* prägt McLuhan das Motto „Das Medium ist die Botschaft", welches fordert, dass nicht mehr ausschließlich die über die Medien vermittelten Inhalte wissenschaftlich untersucht werden sollen, sondern auch das Medium selbst, weil dieses auf den Rezipienten ebenfalls sehr große Auswirkungen habe, die sogar die Wirkung des Inhalts überstiegen. Damit wurde erstmalig der Fokus auf die Präsentation, die Inszenierung und Gestaltung der Inhalte gelegt, ein Prinzip, was zur Grundlage der modernen Medienwissenschaft wurde. Auch der Begriff des *global village* stammt von McLuhan, eine Formulierung, die inzwischen Allgemeingut geworden ist[12] und heute mehr denn je als Metapher für eine mitunter paradoxe Synthese fungiert, welche v. a. das Internet zu leisten imstande ist – die Zusammenführung des Fernen (z. B. in sozialen Netzwerken) einerseits und die Auslagerung des Nahen (z. B. im Outsourcing) andererseits.

extensions of man

The media is the message.

global village

9 Vgl. dazu und zum Folgenden: Georg Mannsperger: Walter Benjamin – Klassische Medientheorien revisited 1, in: http://wissensserver.info/index.php/2011/01/walter-benjamin-klassische-medientheorien-revisited/ Mannsperger, ehemaliger Professor für Medien- und Kommunikationsmanagement in Calw und aktueller Chefredakteur von news.de, widmet sich in einer Serie von Blogposts der Frage, was die im 20. Jahrhundert entwickelten Medientheorien für die Gegenwart bedeuten.

10 Siehe dazu: Georg Mannsperger: Marshall McLuhan – Klassische Medientheorien revisited 2, in: http://wissensserver.info/index.php/2011/01/marshall-mcluhan-klassische-me dientheorien-revisited-2/

11 Ebd.: „[D]abei handelt es sich um ursprünglich biologische Lebewesen, deren Sinnesorgane durch leistungsfähigere elektronische Prothesen wie z. B. Kameraaugen ersetzt wurden – der Endzustand der McLuhan'schen Extensions."

12 Ebd.

Der New Yorker Kommunikationswissenschaftler **Neil Postman** (1931–2003) widmete sich in seinen Forschungen vor allem dem Massenunterhaltungsmedium Fernsehen, durch das die amerikanische Gesellschaft seit den 1970er-Jahren wesentlich geprägt wurde, und griff dabei McLuhans Ansatz auf, das Medium selbst und seine Besonderheit der Nachrichtenvermittlung zu untersuchen.[13] Dem visuellen Medium Fernsehen, das den Normen des Showgeschäfts verpflichtet ist, wies er nach, dass komplexe Zusammenhänge und Hintergrundinformationen zugunsten einer vereinfachenden Visualisierung reduziert oder sogar ganz weggelassen werden. Information werde auf Infotainment reduziert, was wiederum die konsumierende Gesellschaft und deren Selbstbild präge. Die Welt werde vergröbert wahrgenommen, logisches Denken werde gegenüber Emotionalität und Oberflächlichkeit zurückgedrängt. Als Folge seien laut Postman Entpolitisierung und kultureller Verfall zu befürchten. Im aktuellen Fernsehen mit seinem Überangebot an Doku- und Reality-Soaps, unterhaltsam inszenierten Ratgebern und Boulevard-Magazinen lassen sich Parallelen zu Postmans Medientheorie feststellen, dessen Diktum „Wir amüsieren uns zu Tode“ heute fast wie eine Prophezeiung anmutet.

Neil Postman

Infotainment

wir amüsieren uns zu Tode

Hoffnungen und Ängste

Medientheorie versteht sich also von Beginn an als **Medienkritik**. Über die wissenschaftlich objektivierte Betrachtung hinaus war die Entwicklung von Medien stets von Betrachtungen begleitet, die dem Prozess – je nach gesellschaftlichem Kontext – mit Sorge oder Euphorie gegenüberstanden.

Sorge vs. Euphorie

So kritisierte **Bertolt Brecht** im Jahr 1932 den Rundfunk als einseitigen Distributionsapparat und sagte damit dessen Einsatz als nationalsozialistisches Propagandainstrument voraus.[14] Er äußerte aber zugleich damals utopisch anmutende Hoffnungen, die er mit dem neuen Medium verband: Der Rundfunk dürfe Informationen nicht nur ausstrahlen und verteilen, sondern müsse zugleich einen Austausch zwischen Sender und Empfänger ermöglichen. Er hielt es für eine Verpflichtung der Regierenden, nicht nur Berichte über Entscheidungen über den Rundfunk mitzuteilen, sondern darüber hinaus mit diesen Mitteilungen auf Impulse aus der Hörerschaft, also dem regierten Volk, zu

Bertolt Brecht

Distribution vs. Kommunikationsmedium

13 Vgl.: Georg Mannsperger: Neil Postman – Klassische Medientheorien revisited 3, in: http://wissensserver.info/index.php/2011/02/neil-postman-klassische-medientheorien-revisited-3/

14 Bertolt Brecht: Der Rundfunk als Kommunikationsapparat. Rede über die Funktion des Rundfunks. In: Bertolt Brecht: Gesammelte Werke. Frankfurt a. M.: Suhrkamp, 1966, Bd. 16: Schriften zur Literatur und Kunst, S. 127 f.

basisdemokratische Einflussnahme

reagieren. Dadurch könne das Volk nicht nur kritisch und politisch geschult, sondern auch demokratisch wirksam werden.

Hans Magnus Enzensberger: gesellschaftskritische Medienkritik

Hans Magnus Enzensberger warf in den 70er-Jahren der Medienindustrie vor, die technische Möglichkeit der Wechselseitigkeit von Sender und Empfänger absichtlich zu unterbinden, um eine Mobilisierung der Menschen und deren kritisches Denken bewusst zu verhindern und die gesellschaftliche Zuweisung von herrschender und beherrschter Klasse nicht zu gefährden.[15]

Hoffnungen und Ängste in Bezug auf das Internet

Besonders das **Internet** wurde seit seiner Entwicklung am Ende der 60er-Jahre Gegenstand ambivalenter Betrachtungen. Die USA verbanden mit dem neuen Medium zunächst militärische Intentionen. Es sollte als weltumfassendes Informationsnetz dienen, das auch nach einem atomaren Vernichtungsschlag funktionieren sollte.[16] In solch einem apokalyptischen Ernstfall musste es sich glücklicherweise im Kalten Krieg und bis heute nicht beweisen. Doch blieb die Nutzung nicht nur Militärs vorbehalten, sondern es wurde von einem militärischen zu einem geschäftlichen und schließlich auch zu einem alltäglichen Medium.

militärische Zwecke

Alltäglichkeit

Im geschäftlichen Bereich wurde die **New Economy** zum zentralen Schlagwort der 90er-Jahre, mit dem überschwängliche Erwartungen und Prognosen verknüpft wurden, wodurch „Wirtschaft, Handel, Politik, Alltag, Konsum und Freizeit grundlegend umgekrempelt"[17] werden sollten. Insgesamt hat die rasante Verbreitung des Internets in die Überzahl der Haushalte der westlichen Welt tatsächlich Veränderungen in allen benannten Bereichen zur Folge gehabt, auch wenn die seit dem Jahr 2008 offensichtliche weltweite Finanzkrise sehr deutlich die Schattenseiten der Öffnung der Märkte, der Globalisierung des Finanzwesens und der Anonymität der Finanztransfers im Internet gezeigt hat.

ökonomische Interessen und Wirkungen des Internets

politisches Potenzial

In **politischer Hinsicht** wurden die Hoffnungen Brechts und Enzensbergers, welche diese v. a. in den Rundfunk gesetzt hatten, von keinem Medium gleichzeitig so umfassend erfüllt und so klar desillusioniert wie vom Internet. Das Internet ist von Beginn an ein **Kommunikationsmedium** und wird auch als solches genutzt. Ebenso hat es aber auch in bestimmten Bereichen den Charakter eines **Distributionsmediums**, das seine User klar prägt. Es dient als **basisdemokratische Waffe:** Mit Plattformen wie WikiLeaks wird deutlich Druck auf Regierungen ausgeübt, der „arabische Frühling" wurde im Wesentlichen über das Internet initiiert und die neue journalistische Gruppe

15 Hans Magnus Enzensberger: Baukasten zu einer Theorie der Medien. In: Kursbuch, Bd. II, Frankfurt a. M.: Zweitausendeins Verlag 1968–1970, in: Kursbuch 20, S. 160 f.
16 Siehe Kübler 2003, S. 9.
17 Kübler 2003, S. 11.

der **Datenjournalisten** begegnet wacker der Übermacht an Informationen – eines der zentralen Probleme des Mediums. Datenmengen werden auf Echtheit geprüft, für die anderen User aufbereitet, Statistiken gesammelt, verglichen und in Metastatistiken ausgewertet, um dem User die Möglichkeit zu geben, sich eine eigene Meinung zu bilden, ohne aufgrund der **Informationsflut** zu kapitulieren.[18] In diesen Zusammenhang gehören auch die Schlagwörter **„Bürgerjournalismus"** und **„Schwarmintelligenz"**, mit denen die Macht des kleinen Mannes und die Hoffnung auf mehr Mitbestimmung und Transparenz beschworen werden.[19]

Datenjournalismus

Informationsflut

Bürgerjournalismus Schwarmintelligenz

Die kaum zu beherrschende Datenflut ist ein Faktor für die Desillusionierung in Bezug auf das Medium Internet. **Hans Magnus Enzensberger** hat sich noch einmal im Jahr 2000 medien- und kulturkritisch mit dem Internet auseinandergesetzt.[20] Dabei stellt er fest, dass das Internet tatsächlich den Unterschied zwischen Sender und Empfänger abgeschafft habe und es keine zentrale Instanz mehr gebe, dieses zu kontrollieren. Er relativiert jedoch seine in den 70er-Jahren geäußerten Ansichten über die Auswirkungen der neuen Medien und gelangt zu einem eher nüchternen Blick. Damit distanziert er sich von den „Medienpropheten", die entweder als „Apokalyptiker" oder als „Evangelisten" auftreten. Dämpfer für seine einst euphorischen Erwartungen sei einerseits die Benutzerfeindlichkeit vieler neuer Medien, wodurch große Teile der Bevölkerung von der Verwendung ausgeschlossen seien, andererseits das Ausmaß an inhaltlicher Banalität bzw. das pathologische und kriminelle Potenzial vieler Nutzer. Er befürchtet langfristig eine Deformation des Gedächtnisses und die Unterwanderung ethischer Prinzipien. Die Entwicklung von Smartphones und Tablet-PCs entkräftet Enzensbergers Argument der Benutzungsfeindlichkeit: Niemand muss heute noch Programmiersprachen lernen, jedes Kind kann einen Touchscreen bedienen, die Zahl möglicher Apps steigt ins Unermessliche. Die von Enzensberger geäußerten **ethischen Bedenken** werden aber auch von andere Autoren geteilt; als problematisch werden dabei vor allem die Tendenz zum nachlassenden Datenschutz und die Entwicklung zum gläsernen User gesehen.[21]

Enzensberger Medienkritik 2000

Medienpropheten als Apokalyptiker oder Evangelisten

Gewinne und Verluste durch das Internet

Kulturkritik: Veränderung der Ethik

18 Vgl. Simon Rogers: Journalismus ist keine Einbahnstraße mehr, in: http://www.zeit.de/2013/02/Datenjournalismus-Simon-Rogers

19 Siehe z. B. George Brock: Der Aufstieg des „Bürgerjournalismus", in: http://www.novo-magazin.de/89/novo8954.htm und Harald Martenstein: Im Sog der Masse (2011). In: http://www.zeit.de/2011/46/DOS-Mainstream/komplettansicht

20 Dazu: Hans Magnus Enzensberger: Das digitale Evangelium. In: Der Spiegel, 2/2000, S. 92–101. Ebenso in: http://www.spiegel.de/spiegel/print/d-153760 78.html

21 Siehe z. B. Jörg Friedrich: Die Moral des Netzes. In: Artikel URL: http://www.heise.de/tp/artikel/35/35572/1.html

Kinder und Jugendliche im Internet
digital immigrants vs. digital natives

Neben der ökonomischen, politischen, kulturkritischen und ethischen Wahrnehmung wird das Internet – wie jedes Medium zuvor auch[22] – unter dem Aspekt seines **Gebrauchs durch Kinder und Jugendliche** hoffnungsvoll oder argwöhnisch beäugt. Zu Schlagworten sind dabei die Begriffe **„digital immigrants"** und **„digital natives"** geworden, mit denen die Generation, welche sich die digitalen Medien nach der Adoleszenz angeeignet hat, von derjenigen unterschieden wird, welche in die Benutzung der neuen Medien hineingeboren wurde. Diese neue Generation sieht sich mit einer Reihe von Vorurteilen konfrontiert: Ihre Sprache verarme, weil sie nur noch SMS, Chat-Beiträge und Twitter-Nachrichten verfasse, die konzeptionell eher mündlich und formal allenfalls durch die Zeichenbeschränkung begrenzt sind. Junge Menschen und Kinder seien im Internet Pädophilen ausgeliefert, gäben zu viele private Informationen zu bereitwillig preis und verursachten durch ausgeartete Facebook-Partys Kosten für den Steuerzahler. Sie ehrten das Urheberrecht nicht und kopierten nur noch, anstatt selbst zu denken. Deshalb sei diese Generation dümmer als ihre Vorgänger.[23] Zudem gehe ihr das Gefühl für das tatsächliche Leben verloren. Die Gegenposition versucht, die Debatte weniger auf der emotionalen als auf der sachlichen Ebene zu führen und betont die zahlreichen Vorteile einer regen und wachen Medienkompetenz. Die sozialen Netzwerke werden zugleich als Fluch und als Segen gesehen: Fluch, weil die digitale Nähe nicht automatisch eine Nähe in der Realität bewirkt und weil Virtualität in Einzelfällen zum Ersatz für echtes Erleben wird, und Segen, weil Kontakte und Netzwerke unkompliziert gepflegt werden können.

Vorurteile und Fakten

Fluch und Segen sozialer Netzwerke

Freundschaftsbegriff

Antagonismus zwischen realer und virtueller Freundschaft

Im Diskurs über die Wertigkeit virtueller Kommunikation steht vor allem der **Begriff der Freundschaft** zur Disposition. Pessimistische Medienkritiker sehen in dem Begriff des Freundes im Zusammenhang mit sozialen Netzwerken eine Herabwürdigung dieses uralten Konzeptes und behaupten sogar, das Internet zerstöre die wahre Freundschaft. Der dabei vertretene **Antagonismus** zwischen **„Internetfreundschaft"** und **„wahrer Freundschaft"** geht aber an den Gegebenheiten des alltäglichen Lebens vorbei und übersieht die Möglichkeit, dass in der Gegenwart beide Konzepte nebeneinander existieren können. Zudem sitzt diese Darstellung dem alten Vorurteil auf, junge Leute könnten nicht zwischen Realität und Virtualität unterscheiden.[24]

22 Im 19. Jahrhundert wurde noch vor der Lektüre von Romanen gewarnt.
23 Um die Widerlegung dieser Vorurteile und Halbwahrheiten kümmert sich: Urs Gasser: Surfen macht schlau (2009). In: http://www.faz.net/aktuell/technik-motor/computer-internet/jugend-und-das-internet-surfen-macht-schlau-1758040.html
24 Vgl. dazu: Christoph Koch: Alle Freunde auf einen Klick (ZEIT ONLINE, 09.08.2010). In: http://www.zeit.de/digital/internet/2010-08/ soziale- netzwerke- freunde

Zu bedenken wäre aber, dass die Entwicklung immer praktischerer, leistungsfähigerer und flexiblerer Geräte immer stärker die Differenz zwischen **beruflicher und privater Nutzung** minimiert. Dadurch erweitern sich die Möglichkeiten einer flexiblen Einteilung von privat und beruflich genutzter Zeit. Durch den Glauben, allgegenwärtig erreichbar sein zu müssen, und die Selbstverpflichtung zum Update wird ein neues Bild des Erfolgs geprägt. Eine Arbeitshaltung, die vormals mit der Zuweisung „Workaholic" deutlich als ungesund markiert wurde, wird zunehmend als normal empfunden bzw. als vorbildlich dargestellt.

Verwischen von Beruf und Privatleben

Veränderung des Bildes von Erfolg

Der Medienwandel hat vielfach auch die Befürchtung geweckt, das Zeitalter des Internets könne den **Tod des Buches und des Lesens** nach sich ziehen. Auch in dieser Debatte kommt es zur Gegenüberstellung eigentlich nicht per se gegensätzlicher Konzepte. Frühwald z.B. setzt den **Leser** dem **User** und das Buch dem Text entgegen.[25] Mit dem Buch-Leser-Konzept sei das Bild des „einsamen, kreativen Denkers (als Autor und als Leser) unentbehrlich", mit ihm verbindet er Ruhe und Konzentration, ein Gegenpol zur als beschleunigt empfundenen Gegenwart. Das Buch sei haltbarer, durch seine Haptik sinnlicher und dem Menschen allein schon durch die organischere Körperhaltung bei der Buchlektüre (im Gegensatz zur verkrampften und ermüdenden Haltung am PC) ureigen.[26] Dem gegenüber wird das Lesen am PC durch den User als weniger wertvoll, oberflächlich, ungesund und emotional verarmt dargestellt. Dass die Gegenwart durch die **Koexistenz von digitaler und gedruckter Lektüre und Kommunikation** gekennzeichnet ist, wird zwar eingeräumt, in der dargestellten Kontrastierung aber zugleich negiert. Der Klage über den allgegenwärtigen Kulturverlust durch die neuen Medien begegnen Beiträge, welche versuchen, den Diskurs selbst auf einer metakommunikativen Ebene zu erfassen.[27] Dort wird moniert, dass technologiekritische Medienwissenschaftler sich **uniformer**, **althergebrachter** oder auch **reflexhaf-**

Ende des Buches und des Lesens?

Leser vs. User?

Koexistenz digitaler und gedruckter Medien

25 Wolfgang Frühwald: Medienwandel. Über die Zukunft des Buches im Zeitalter des Internet. Vortrag vom 25. 09. 2011. In: http://www.nibis.de/nli1/gohrgs/13_zentralabitur/zentralabitur_2015/Fruehwald2011.pdf

26 Obwohl E-Reader 2011 auch schon in Deutschland weit verbreitet waren, geht Frühwald noch davon aus, dass es bei der Debatte um die Ablösung des Buchs durch neue Medien um den Vormarsch der Lektüre am PC geht.

27 Kathrin Passig legte 2009 die Funktionsweise reflexhafter Technologiekritik dar, distanziert sich inzwischen jedoch von dieser Darstellung und weist ebenso auf die Standardsituationen des Technologieoptimismus hin: http://kathrin.passig.de/texte/standardsituationen_der_technologiekritik.html und andere Artikel unter: www.kathrin.passig.de. Siehe auch: Gerhard Lauer: Am Ende das Buch. Lesen im digitalen Zeitalter. Vortrag vom 09. 10. 2012 (vor dem Niedersächsischen Landtag). In: www.gerhardlauer.de.

Kritik an der Kritik: uniforme, reflexhafte Argumente

ter Argumentationsweisen bedienten, die auch Indiz für einen alten Generationenkonflikt seien. Man solle sich vielmehr darauf einstellen, dass zwar möglicherweise das **Ende des Vorherrschaft des gedruckten Buches** bevorstehe (mit allen Konsequenzen für das bestehende Verlagswesen), dass dies aber keineswegs den Niedergang des Lesens selbst bedeutet, sondern dass vielmehr bisher noch nie so viel und in so deutlich ausdifferenzierten Genren, Themen und Medien gelesen wurde wie im Zeitalter des Internets und digitaler Medien. Das Lesen und die **Sehnsucht nach Geschichten**[28] wird als menschliches Spezifikum, also als eine wesentliche Eigenschaft des Menschen dargestellt.[29]

Ende des Buches – kein Ende des Lesens

Ambivalenz

Betrachtet man die **Ambivalenz der Medienwahrnehmung**, so fällt auf, dass diese sich entsprechend dem Wandel der Medienlandschaft verändert hat. Wurden zunächst die technischen Möglichkeiten ausgelotet, ging es rasch um kommerzielle und gesellschaftliche, um pädagogische, ethische und rechtliche Belange. Die Ebene der geäußerten Bedenken hat sich damit ebenfalls verschoben: Zunächst wurde technisch und politisch, dann moralisch und emotional argumentiert. Die Freiheiten, die das neue Medium Internet bietet, bergen durch Intransparenz und rechtliche Grauzonen zugleich Gefahren. Dies äußert sich beispielsweise in der andauernden datenrechtlichen Auseinandersetzung mit Google und in den Überwachungsgewohnheiten der NSA.

mehrfache Paradigmenwechsel

28 Lauer spricht vom „Hunger nach Geschichten", zu denen der Mensch eine „nicht zu unterdrückende Neigung" habe, Passig verwendet in unterschiedlichen Artikeln wiederholt in ironischer Weise das Schlagwort der Promiskuität (d. h. der Neigung, sich abzulenken, um Notwendigkeiten zu entfliehen), an welcher die meisten Menschen, v. a. Jugendliche, litten.
29 Vgl. dazu das einleitende Kapitel zum Thema „Lesen".

Aufgabenstellung

1. Analysieren Sie, wie der Autor seine Position argumentativ entwickelt. Berücksichtigen Sie dabei auch die sprachliche Gestaltung. (40 %)
2. Erörtern Sie ausgehend von Ihren Analyseergebnissen, ob User bei Onlinekommentaren zur Verwendung ihrer Klarnamen verpflichtet werden sollten. (60%)

Argumentiert, pöbelt nicht herum!

Als Blogger ertrage ich die Flut an beleidigenden Kommentaren nicht mehr.

Ein Aufschrei VON MARKUS BECKEDAHL

Ich habe keine Lust mehr, meine Zeit mit Leuten wie „fritzdermeckerer" zu vergeuden. Seit nicht mal einem Jahr schreibt er auf meinem Blog *netzpolitik.org* Kommentare, es sind bereits mehr als hundert mit ähnlichem Inhalt: „ach gottchen, das wundert mich doch ... dieses dreckspack ... naja, mal abwarten bis wir sie aus ihren löchern holen ..." Ich habe keine Lust auf die gruppendynamischen Rituale, in denen sich einige Verrückte gegenseitig in Rage kommentieren. Manchmal bis hin zur Morddrohung gegen mich oder andere.

Vor acht Jahren startete ich mein Blog, um über Bürgerrechte im digitalen Zeitalter zu schreiben. Die Software war einfach zu installieren, man konnte sich auf das Wesentliche – das Publizieren – konzentrieren, und es gab eine Dialogfunktion unter den Artikeln. Die Frage, wie die Politik das Netz verändert und wie das Netz die Politik, interessierte damals nur wenige. Netzpolitik.org wurde im Laufe der Jahre zu einem Sprachrohr dieser neuen sozialen Bewegung. Am Anfang freute ich mich über die Feedbackmöglichkeiten, da sie allen offenstanden, und hoffte auf eine neue Dialogkultur. Die Artikel endeten nicht mehr dort, wo der Journalist aufhörte, sie wurden von den Lesern weitergeschrieben, indem sie sie kommentierten.

Als ich anfangs über Netzzensur oder die Vorratsdatenspeicherung bloggte, freute ich mich über eine Handvoll Kommentare. Jetzt sind es oft über hundert. Früher kommunizierte eine homogene Gruppe von Netzaktivisten miteinander, dann kamen unsere Eltern, die Nachbarn und unsere ganze Gesellschaft dazu.

Seit Netzpolitik vor ein, zwei Jahren im Mainstream angekommen ist, dominiert der Stammtisch. Trolle machen sich breit, die mit ihren Kommentaren stören und beleidigen, aber nicht debattieren wollen. Seitdem bekomme ich immer mehr Feedback, dass Menschen, deren Meinung ich schätze, im Blog nicht mehr kommentieren wollen. Weil sie blöd angemacht werden. Weil vieles so negativ ist. Weil dadurch weniger gute Debatten stattfinden, als das einmal möglich war.

Ich habe in den acht Jahren rund 130 000 Kommentare gelesen, lesen müssen. Und rückwirkend muss ich leider sagen: Die meisten waren reine Zeitverschwendung. Sie bringen einen nicht weiter und sorgen stattdessen für eine negative, aufgeladene Stimmung. Ich habe keine Lust mehr, morgens aufzustehen und Kommentare zu lesen und abends schlafen zu gehen und vorher noch mal Kommentare zu lesen, weil ich rechtlich verantwortlich dafür bin.

Wahrscheinlich ist nur ein Bruchteil der Leser schuld an der Situation. Vielleicht sind es zehn bis 30 Kommentatoren, die viel Zeit und zu jedem Thema etwas zu sagen haben. Man lernt sie mit der Zeit kennen. Auf Fotos haben sie eher graue Haare, sind immer männlich. Vielleicht säßen sie sonst abends am Stammtisch oder haben früher Leserbriefe geschrieben. Viele von ihnen klingen frustriert.

Jahrelang bemühte ich mich, auf (fast) jeden Kommentar einzugehen. Krude Verschwörungstheorien zu relativieren, auf jede Frage eine Antwort zu versuchen. Beleidigungen oder Formulierungen zu gängeln, ganz schlimme Kommentare zu löschen und einen transparenten Hinweis darauf zu formulieren.

Als unabhängiger Blogger steckt man in einem Dilemma. Kommt der Erfolg, kommen die Leser und damit auch die Kommentatoren. An vielen Tagen beschäftige ich mich ein bis zwei Stunden nur damit, Kommentare zu überfliegen und darauf zu antworten. Weil das der eigene Anspruch ist, weil es erwartet wird und weil Debatten im Idealfall auch moderiert werden sollten. Aber es kostet Zeit. Es kostet Nerven. Es kostet Energie. Energie, die ich lieber in sinnvolle Sachen stecken möchte.

Die Erwartungen sind ziemlich hoch: Wenn ich Beleidigungen, falsche Behauptungen oder menschenverachtende Äußerungen lösche, dann soll ich das für alle nachvollziehbar schreiben und dazu möglichst ausführlich Stellung nehmen. Das ist sehr aufwendig. Mache ich es nicht, kommen die Zensurvorwürfe. Auch dazu soll ich Stellung beziehen. Und mich dafür beschimpfen lassen, dass ich die freie Meinungsäußerung einschränke. Oft kommt dieser Vorwurf von dem Typ Kommentator, der genau gelernt hat, wo die rechtliche Grenze zur Beleidigung oder zur menschenverachtenden Äußerung liegt. Dieser Typus Mensch kommentiert in der Regel hart an dieser Grenze und am Thema vorbei.

Leuten wie diesen möchte ich antworten: Informiert euch, was Zensur ist. Man kann Kritik auch ohne Beleidigungen und Unterstellungen formulieren. Argumentiert, pöbelt nicht herum! Wenn ihr eure Freiheit wollt, respektiert die Freiheit der anderen. Auch wenn die eigene Aussage nicht justiziabel ist, heißt das nicht, dass man damit nicht soziale Normen verletzen würde.

Gerade bei Netzpolitik ist uns das Recht auf freie Meinungsäußerung sehr wichtig. Ist es wirklich Zensur, wenn wir beleidigende Kommentare löschen, die nichts mit dem Artikel zu tun haben? Ich glaube nicht. Ist es eine Einschränkung der Meinungsfreiheit, wenn Leser die Qualität eines Kommentars bewerten können und schlechte Kommentare ans Ende verschoben werden? Das müssen wir ausprobieren. Vielleicht führt das dazu, dass nur Mehrheitsmeinungen als gut befunden werden und abweichende und daher Minderheitenmeinungen untergehen. Trotzdem sollten wir den Spinnern nicht die Kommentarspalten überlassen.

Ich möchte nicht entscheiden müssen, was gelöscht werden muss. Am liebsten wäre es mir, ich müsste mir darüber gar keine Gedanken machen und könnte mich darauf konzentrieren, wofür ich das Blog gestartet habe: über Netzpolitik und die Auswirkungen der Digitalisierung zu schreiben.

Ich glaube nicht, dass Hetzkommentare Folgen der Netzkultur sind. Wahrscheinlich waren sie immer schon da, nur waren sie nicht für alle sichtbar. Weil sie am Stammtisch geäußert wurden oder Leute zu Hause ihre Fernbedienung beschimpften. Das Netz zeigt, was in unserer Gesellschaft gedacht wird. Und ähnlich wie wir im analogen Raum gelernt haben, soziale Normen zu entwickeln, brauchen wir einen solchen Lernprozess auch im digitalen Raum.

Manchmal denke ich daran, die Kommentarfunktion abzuschalten. Doch das ist keine Lösung für mich, denn ich bin noch immer überzeugt, dass der Dialog mit den Lesern wichtig und nützlich ist. Selbstverständlich wollen wir auch weiterhin anonymes Kommentieren ermöglichen, damit niemand bei der Anmeldung zu viele Datenspuren hinterlassen muss. Dazu kommt die Frage: Ist das überhaupt noch „mein" Blog, oder gehört es auch der Community? Wenn es auch meinen Lesern gehört, wer fühlt sich für diese Gemeinschaft mit verantwortlich? Und wie können wir gemeinsam die Herausforderung angehen, damit am Ende wieder ein Klima vorherrscht, in dem Debatten möglich sind?

Daher habe ich nun meine Leser gefragt: Was empfehlt ihr, damit wir unsere Kommentarkultur wieder in den Griff bekommen? Mehr als fünfhundert Kommentare später gibt es noch keine Lösung, aber eine offene Diskussion darüber, wie wir unsere Art zu kommentieren weiterentwickeln wollen. Wir werden jetzt verschiedene technische Lösungen ausprobieren und zugleich eine Art Verhaltenskodex formulieren. Ich habe keine Lust mehr, aber ich will nicht aufgeben. Ich will mit meinen Lesern das Netz von den Trollen zurückerobern.

Aus: DIE ZEIT, Nr. 36, 30. 8. 2012.

Zum Autor:
Markus Beckedahl (* 1976) bloggt auf „netzpolitik.org" und organisiert die re:publica-Bloggerkonferenzen. Mit Falk Lüke hat er dieses Jahr bei dtv das Buch „Die digitale Gesellschaft" veröffentlicht.

Teilaufgabe 1

Analysieren Sie, wie der Autor seine Position argumentativ entwickelt. Berücksichtigen Sie dabei auch die sprachliche Gestaltung.

1. Schritt **Überschrift / Verfasser / Quelle / Erster Eindruck**

Betrachten Sie Titel, Untertitel, Einleitung und den ersten Absatz des Artikels sowie die Informationen zum Autor.

- Was erfahren Sie über das Thema des Artikels?
- Was erfahren Sie über den Autor?
- In welchem Ton sind Titel und Anfang geschrieben?
- An wen richtet sich der Artikel?
- Was bedeutet „argumentieren" im Gegensatz zu „pöbeln"?
- Was bedeutet der Untertitel „Ein Aufschrei"?

2. Schritt **Gliederung des Gedankengangs / Inhalt / Position des Autors**

a Nach dem ersten Eindruck wird der Artikel noch einmal ganz genau inhaltlich untersucht.
  - Markieren Sie im Text Abschnitte und Schlüsselwörter.
  - Fassen Sie den Inhalt der Abschnitte am Rand mit wenigen Schlagworten zusammen.
  - Verfassen Sie probehalber eine knappe Inhaltsangabe (ein Abstract von zwei bis drei Sätzen). Worum geht es genau in dem Text?

b Überlegen Sie, welche der folgenden Aussagen die Position des Verfassers wiedergeben. Belegen Sie Ihre Einschätzung am Text.

1 Beckedahl ist in Bezug auf die Kommunikation im Internet so desillusioniert, dass er mit diesem Artikel den Ausstieg aus dem Blog ankündigt.

2 Trotz der Probleme, welche *netzpolitik.org* aufgrund seiner wachsenden Leserschaft und Kommentarzahlen hat, will Beckedahl an der Kommentarfunktion festhalten, weil diese ein wesentliches Merkmal der Netzpolitik ist.

3 Beckedahl sagt den Trollen den Kampf an. Er will beleidigende Kommentare konsequent löschen und Fotos dieser Kommentatoren hochladen.

4 Beckedahl versucht das gemeinsame Problem der Community darüber zu lösen, dass er die Community mit in den Problemlösungsprozess einbezieht.

Textstellen: ____

Diese Notizen dienen der Vorarbeit, sie müssen evtl. aufgrund späterer Erkenntnisse bei der Analyse revidiert werden. Dies könnte aber auch so im Aufsatz beschrieben werden (z. B. *Zunächst bin ich davon ausgegangen, dass der Autor in Bezug auf die Kommunikation im Internet so desillusioniert ist, dass er mit diesem Artikel den Ausstieg aus dem Blog ankündigt. Aufgrund meiner Analyse bin ich jedoch zu einem anderen Ergebnis gekommen: …*).

3. Schritt

Sprachliche Analyse

- Welche sprachlichen Mittel setzt der Autor ein?
- Welche Wirkung erzielen diese Mittel beim Leser?
- Warum möchte der Autor diese Wirkung erzielen? Was ist seine Absicht?

Finden Sie selbstständig Belege für folgende Gestaltungsmittel und klären Sie deren Funktion und Wirkung. Fügen Sie gegebenenfalls noch weitere Mittel hinzu, die Ihnen aufgefallen sind. (Bei der Vorbereitung einer schriftlichen Analyse würden Sie diese Notizen am Rand festhalten.)

Gestaltungsmittel	**Textstelle, ggf. Zitat**	**Funktion / Wirkung**
Verwendung der 1. Person Singular und des Personalpronomens *ich*		
Verwendung der 1. Person Plural und des Personalpronomens *wir*		
Verwendung von Fachbegriffen, Netzjargon		
Verwendung von Umgangssprache		
Formulierung von Fragen		
Verwendung eines Trikolon (Dreierreihung), z. T. mit Anapher und Klimax		
Klimax		
Klare eigene Wertungen		

Erstellen eines Schreibplans

4. Schritt

- Einleitung (Autor, Titel, Textart, Thema)
- Position und Anliegen des Verfassers, wichtigste Argumente
- Darstellung des Argumentationsgangs im Zusammenhang mit der Benennung und Deutung auffälliger sprachlicher Gestaltungsmittel
- Schluss: knappe Zusammenfassung der Intention des Autors; ggf. Einschätzung seiner Glaubwürdigkeit und der Qualität der Darstellung

Teilaufgabe 2

Erörtern Sie ausgehend von Ihren Analyseergebnissen, ob User bei Onlinekommentaren zur Verwendung ihrer Klarnamen verpflichtet werden sollten.

Klärung des Themas der Erörterung

5. Schritt

Klären Sie zuerst, was man von Ihnen verlangt:

- Auf welchem Aspekt soll der Schwerpunkt der Erörterung liegen?
- Geht es um eine Erörterung der Argumentationsweise des Textes selbst?
- Geht es eher um ein Thema, das in dem Text angesprochen wird und zu welchem ich im Text Argumente finde, das aber im Text nicht im Mittelpunkt steht?
- Muss ich viel Wissen mit einbringen, das außerhalb des Textes liegt?
- Habe ich zu der Frage auf Anhieb einen eigenen Standpunkt? Wie verhält sich dieser zur Position des Autors?

Klären Sie die Erörterungsfrage genau:

- Was genau ist die Pro-, was die Kontraposition?
- Welche Maßnahme wird hier vorgeschlagen?
- Welche Konsequenzen hätte diese Maßnahme für die User auf den Seiten, die Sie kennen, welche für alle potenziellen User des Internets, welche für Sie persönlich?
- Ist die Maßnahme durchsetzbar?
- Ist die Maßnahme politisch/ethisch/sozial/menschenrechtlich vertretbar? Verstößt die Maßnahme gegen das Grundgesetz oder verteidigt sie die Werte des Grundgesetzes?

Überlegen Sie, welche weiteren Aspekte des Themas in der Erörterung eine Rolle spielen:
- Lassen sich Bezüge zu anderen im Unterricht besprochenen Standpunkten herstellen?
- Was kann die digitale Kommunikation bewirken? Wie wichtig ist dabei die Anonymität der User?
- Welche eigenen positiven und negativen Erfahrungen haben Sie?
- Was wissen Sie über die Situation der Meinungsfreiheit im *world wide web* in anderen Ländern?

Notieren Sie Ihre Überlegungen am besten in einer Mindmap, die das Thema bereits strukturiert, und/oder in einer Gegenüberstellung von Pro und Kontra.

6. Schritt **Formulierung und Gliederung der Argumente**
- Ihre gesammelten Gedanken sind die Grundlage für die Argumentation, die Sie führen sollen.
- Formulieren Sie stichhaltige Argumente, die Ihre eigene Position untermauern.
- Finden Sie für diese Argumente Belege im Text oder andere konkrete Beispiele und Belege.
- Ordnen Sie Ihre Argumentationsschritte so, dass Sie mit dem schwächsten Argument beginnen und mit dem stärksten enden.
- Formulieren Sie anschließend mögliche Gegenargumente, für die Sie ebenfalls stichhaltige Belege finden sollten.
- Ordnen Sie ihre Pro- und Kontra-Argumente nun entweder nach dem Sanduhr- oder dem Reißverschlussprinzip. Das Sanduhrprinzip sollten Sie wählen, wenn die Pro- und Kontra-Argumente inhaltlich aus unterschiedlichen Bereichen kommen; das Reißverschlussprinzip ist besser geeignet, wenn sich die Argumente der beiden Seiten inhaltlich sehr nahestehen.
- Denken Sie daran, dass am Ende Ihrer Argumentation leuchtend das Argument stehen sollte, das Ihre eigene Meinung am besten begründet.

7. Schritt **Vorbereitung von Einleitung und Schluss**

Finden Sie einen gelungenen **Einstieg in die Erörterung**. In der Einleitung sollte sich Ihre eigene Meinung bereits klar abzeichnen. Möglich wäre einer der folgenden Schritte:

a Beziehen Sie sich auf eine zentrale Aussage aus dem Text, die Ihre Meinung klar widerspiegelt.

b Zitieren Sie eine Textstelle, die zu Ihrer Meinung in krassem Gegensatz steht, und stellen Sie diese infrage.

c Beziehen Sie sich auf eine in den Medien aktuell geführte Debatte, indem Sie z. B. einen Politiker/eine Politikerin zitieren.

d Beschreiben Sie eine Situation, die jeder kennt (*Jeder kennt folgende Situation: ...*), um den Leser zu Ihrem Verbündeten zu machen.

Stellen Sie einen deutlichen **Bezug zum Artikel** her, indem Sie die **Position des Autors** noch einmal stark gebündelt wiedergeben.

Planen Sie auch den **Schluss der Erörterung**. Er darf bei etwaigem Zeitmangel nicht unter den Tisch fallen, sonst haben Sie zwar eine Argumentation geschrieben, Ihre eigene Meinung jedoch nicht klar geäußert und damit die Aufgabe verfehlt.

- Überlegen Sie genau, ob es eine eindeutige Entscheidung geben kann oder ob ein Kompromiss gefunden werden muss. Wie könnte solch ein Kompromiss aussehen? Stellen Sie geeignete Maßnahmen dar!
- Wenn es eine eindeutige Entscheidung gibt: Nennen Sie noch einmal das stärkste Gegenargument und setzen Sie Ihr eigenes stärkstes Argument dagegen. Äußern Sie explizit, welche Meinung Sie selbst haben. Bleiben Sie also nicht bei unpersönlichen Formulierungen (wie: *man könnte, man müsste*), sondern bekennen Sie ganz deutlich: *Deshalb bin ich der Meinung, dass ...*

Lösungen

Teilaufgabe 1

Überschrift / Verfasser / Quelle / Erster Eindruck **1. Schritt**

In dem Artikel geht es um die Art der Kommunikation in Blog-Kommentaren. Der Verfasser ist Markus Beckedahl, der das Blog auf *netzpolitik.org* betreut und Bloggerkonferenzen organisiert. Die Auseinandersetzung mit der interaktiven Kommunikation ist sein Beruf. Zudem hat er mit einem Co-Autor ein Buch über die digitale Gesellschaft veröffentlicht. Es wird also gleich klar, dass er ein Kenner des Themas ist. Demgegenüber wirken die umgangssprachliche und sehr persönliche Formulierung der Überschrift und die Bezeichnung des Artikels als „Aufschrei" nicht professionell, sondern eher hilflos. Diese Diskrepanz deutet an, dass der Artikel in einem lockeren, ironischen Plauderton geschrieben ist, was sich beim Lesen des ersten Abschnitts bestätigt. Titel und Textanfang erregen Aufmerksamkeit und wecken Neugierde. Der Artikel ist in der ZEIT erschienen und richtet sich damit an eine eher gebildete und kritische Leserschaft. Man fühlt sich als Leser durch die Imperative im Titel direkt angesprochen, auch wenn man selbst kein Blogger ist. Der Haupttitel hat ohnehin Allgemeingültigkeit; das Wort „pöbeln“ ist ein pejorativer Ausdruck, der sich von dem Begriff „Pöbel“, einer beleidigenden Bezeichnung für das einfache Arbeitervolk, ableitet. Mit „pöbeln“ konnotiert man sofort Betrunkene, die nicht mehr zurechnungsfähig sind und mit Kraftworten andere Menschen einschüchtern. Dieses Verb wird als Kontrast zu „argumentieren“ verwendet. Ein Argument zeichnet sich dadurch aus, dass es durchdacht und logisch ist und mit der Kraft des Geistes den Gegner überzeugt.

2. Schritt **Gliederung des Gedankengangs / Inhalt / Position des Autors**

a) **Mögliche Abschnitte:**

1 Z. 1–7: Einleitung: sehr persönliche Äußerung; mehrmals: „ich habe keine Lust mehr“

2 Z. 8–29: Vorgeschichte: Der Autor berichtet von der Vorgeschichte dieses Verdrusses; Gründung des Blogs → neue Dialogkultur → Erweiterung des Nutzerpublikums → Mainstream → Stammtischniveau

3 Z. 30–41: Rückblick auf die Tätigkeit des Bloggers: Zeitverschwendung, rechtliche Verantwortung für Kommentare; Überdruss, Erschöpfung, vergebliche Bemühungen gegen die frustrierte Minderheit, die in den Kommentaren dominiert

4 Z. 42–88: Dilemma des Bloggers: Masse der Kommentare bewältigen und Qualität sichern, freie Meinungsäußerung ermöglichen, Troll-Beiträge aber unterbinden, ohne der Zensur bezichtigt zu werden; Appell, Kritik ohne Beleidigungen und Unterstellungen zu äußern; Bedeutung der freien Meinungsäußerung für Netzpolitik; Möglichkeiten der Einflussnahme auf die Kommentare (Löschen, Sortieren, Bewerten); Forderung nach sozialen Normen im digitalen Raum

5 Z. 89–106: Lösungsvorschläge: Option, die Kommentarfunktion abzuschalten, wird verworfen; Beschwören der Gemeinschaft zwischen Blogger und verantwortungsvollen Usern; Initiative: Leser wurden um Rat gefragt, metakommunikativer Austausch angeregt; Resultat: reger Dialog, gemeinsam gegen die Trolle

Abstract

In dem am 30. 8. 2012 in der ZEIT erschienenen Kommentar äußert der Autor Markus Beckedahl seinen Verdruss über die User seines Blogs *Netzpolitik.org*, die, obwohl sie numerisch in der Minderheit sind, durch beleidigende Äußerungen (sog. Troll-Beiträge) die einst positive Dialogkultur des Forums torpedieren, und wägt Möglichkeiten der Intervention ab. Er sieht sich in einem Dilemma zwischen dem Wunsch nach freier Meinungsäußerung in der interaktiven Kommunikation einerseits und der Befürchtung, durch das Löschen von beleidigenden und störenden Kommentaren von den Störern der Zensur bezichtigt zu werden. Er berichtet von einem Lösungsansatz, der auf dem Miteinander des Bloggers mit den konstruktiven Usern und einem metakommunikativen Dialog basiert.

b) Inhaltlich zutreffend sind die Aussagen 2 und 4, wobei 4 die Position des Autors erfasst, während 2 nur einen Teilaspekt widerspiegelt.
Textbelege zu 2: Z. 69 f., 89–93
Textbelege zu 4: Z. 99–106

Sprachliche Analyse **3. Schritt**

Gestaltungsmittel	Textstelle, ggf. Zitat	Funktion / Wirkung
Verwendung der 1. Person Singular und des Personalpronomens *ich*	Z. 1, 5, 33, 104: „Ich habe keine Lust mehr" Bericht über die eigene Arbeit in der Vergangenheit und den Verdruss in der Gegenwart	Persönliche Betroffenheit des Autors intensiviert den Handlungsbedarf; der Leser kann den Verdruss sehr gut nachvollziehen; niemand hätte unter diesen Bedingungen Lust auf den Job.
Verwendung der 1. Person Plural und des Personalpronomens *wir* im Wechsel mit 1. Person Singular	Zuerst in Z. 76 f.: „Trotzdem sollten wird den Spinnern nicht die Kommentarspalten überlassen." Dann wieder 1. Pers. Sg. Z. 102 f.: „wir […] weiterentwickeln wollen", „wir werden […] ausprobieren" Schluss des Textes: 1. Pers. Sg., Betonung der Gemeinsamkeit: Z. 105 f.: „Ich will mit meinen Lesern das Netz von den Trollen zurückerobern."	Verbrüderung mit den konstruktiven Usern gegen die destruktiven Kommentatoren, Aufbau eines Gemeinschaftsgefühls, gemeinsame Front gegen die Trolle

Gestaltungsmittel	Textstelle, ggf. Zitat	Funktion / Wirkung
Verwendung von Fachbegriffen, Netzjargon	Wortfeld Blog, bloggen, Blogger Z. 11: „Dialogfunktion" Z. 24: „Trolle" Z. 93: „Datenspuren" Z. 94 f.: „Community"	Autor erweist sich als Kenner; er ist befugt, zu diesem Thema seine Meinung in einem Kommentar zu formulieren
Verwendung von Umgangssprache	Z. 27: „blöd angemacht werden" Z. 100: „in den Griff bekommen" Umgangssprachlicher Satzbau/ unvollständige Sätze: Z. 9 f., Z. 28 f., Z. 50 f.	Beckedahl übernimmt die eher am Mündlichen orientierte Sprache im Netz für den ZEIT-Kommentar; damit macht er sich als Blogger glaubwürdig. Zugleich betont er damit seine persönliche Betroffenheit: Über das Thema kann er einfach nicht sachlich schreiben.
Formulierung von Fragen	Z. 70–73: Formulierung von zwei eigentlich rhetorischen Fragen, die durch den Autor selbst beantwortet werden Z. 94–98: Reihung von drei Fragen, die schließlich zur Initiative Beckedahls geführt haben, das Problem gemeinsam mit den Usern in Angriff zu nehmen Z. 99 f. Frage an die User	Beckedahl tritt hier in einen Dialog mit sich selbst ein, der auf den Dialog mit seinen Usern vorausweist, welchen er als Lösungsansatz am Schluss präsentiert. Aufzeigen der Schwierigkeiten des Themas, der noch zu klärenden Fragen Metakommunikativer Impuls zur Lösung des Problems
Verwendung eines Trikolon (Dreierreihung), z. T. mit Anapher und Klimax	Z. 27 f. und 50 f.: dreimal „weil" Z. 52: dreimal „es kostet" Z. 104 f.: dreimal „ich"	Intensivierung der Formulierung, Aufzeigen der vielen Gründe Diese Reihungen markieren jeweils Höhepunkte in der Darstellung und betonen die Emotionalität des Anliegens.
Viererreihung, Klimax	Z. 64–67: vier an die Gegner gerichtete Imperative: 1. Informiert euch!, 2. Argumentiert!, 3. Pöbelt nicht herum!, 4. Respektiert die Freiheit der anderen!	Vierfacher Appell an die Gegner, mit jedem Imperativ wird die Nachricht intensiver, am Ende wird die Ebene der Grund- und Menschenrechte angesprochen.
Klimax/Metapher	Z. 21 f: „dann kamen unsere Eltern, die Nachbarn und unsere ganze Gesellschaft dazu."	Metaphorische Darstellung des schnellen Wachstums der Nutzerschaft. Hier sind nicht wörtlich die Eltern oder Nachbarn gemeint, Beckedahl verdeutlicht damit, dass sich die Nutzerschaft in konzentrischen Kreisen vervielfacht hat.

Gestaltungsmittel	Textstelle, ggf. Zitat	Funktion / Wirkung
Klare eigene Wertungen	Z. 1 f.: „Zeit vergeuden“ Z. 6: „einige Verrückte“ Z. 24: „Stammtisch“, „Trolle“ Z. 31: „muss ich leider sagen“ Z. 43: „[k]rude Verschwörungstheorien“ Z. 61 f.: „menschenverachtende Äußerung“ Z. 76: „Spinner“ Z. 82: „Hetzkommentare“ Darstellung der Provokateure als frustrierte Verlierertypen (Z. 38–41)	Die deutlichen Wertungen entsprechen dem Charakter eines Kommentars. Hier bringt der Autor aber auch sehr stark seine eigene Befindlichkeit mit ein. Der Autor geht davon aus, dass niemand die Sachlage anders bewerten würde als er selbst, und kann auf ein breites Einverständnis bei den Lesern vertrauen. Problematisch daran ist, dass er seinerseits die destruktiven Kommentatoren beleidigt, auch wenn nicht klar ist, ob „fritzdermeckerer“ real existiert oder dies nur das Pseudonym für einen typischen Troll ist.
Metapher	Z. 105 f.: „Netz von den Trollen zurückerobern“ Begriff Troll	Begriff aus der Kriegsführung, Betonung des Kampfgeistes „Troll“ ist zwar Netzjargon, der Begriff ist aber an sich auch eine Metapher (Ansprechen von Urängsten vor bösen Mächten; gleichzeitig Verharmlosung).

Erstellen eines Schreibplans

4. Schritt

Individuelle Lösung

Teilaufgabe 2

Klärung des Themas der Erörterung

5. Schritt

Die Frage, ob User bei Onlinekommentaren zur Verwendung ihrer Klarnamen verpflichtet werden sollten, wird im Artikel von Markus Beckedahl **nicht direkt thematisiert**. Es geht auch nicht darum, ob man dem Artikel selbst zustimmen kann. Es ist jedoch legitim, Kritik am Artikel in der Analyse unterzubringen (siehe am Schluss der Musterlösung für die Textanalyse). Dennoch finden sich im Text **Anhaltspunkte** dafür, wie Beckedahl über diese Frage denkt. Außerdem lassen sich aus Beckedahls Position **Pro- und Kontra-Argumente** für die Erörterung ableiten.

Bei diesem Thema sollten Kenntnisse über folgende Themen/Begriffe aktiviert werden:
- Internet als basisdemokratisches Instrument
- Anonymität
- *global village*, Globalisierung
- Positionen der Medienkritiker: Sorgen und Hoffnungen in Bezug auf das Internet
- Kinder- und Jugendliche im Internet
- Zensur
- Meinungsfreiheit
- Grundrechte/Menschenrechte

Zudem sollten Sie überlegen, welche **eigenen Erfahrungen** Sie in Online-Foren gesammelt haben. Wie bin ich selbst bisher mit Nicknames oder Klarnamen umgegangen? Folgende Gedanken könnte man erwägen:
- Nicknames enthielten für meine Bekannten bisher häufig Hinweise auf mich, die aber Fremde nicht verstehen konnten, z. B. „Nordlicht", weil ich von der Küste komme. So konnten Freunde meine Beiträge in Foren mir zuordnen und wir konnten uns darüber auch privat austauschen.
- Ich fände es unangenehm, wenn fremde Menschen wüssten, was ich denke und wie oft ich im Internet etwas schreibe. Das geht keinen Fremden etwas an.
- Andererseits finde ich Trolle auch richtig nervig; die würden sich sicherlich nicht mehr trauen, solche Beiträge zu schreiben, wenn sie ihren Klarnamen bekannt geben müssten.
- Vor Kurzem habe ich irgendwo gelesen, dass es in manchen Ländern gebührenpflichtig ist, Kommentare zu einem Artikel zu lesen und selbst Kommentare zu posten. Vielleicht ist diese Information ja interessant für die Erörterung.

Klärung der Erörterungsfrage:

Pro-Seite: User bei Onlinekommentaren müssen ihren richtigen Namen nennen.

Kontra-Seite: Es ist besser, wenn die Möglichkeit zur Verwendung eines Nicknames besteht.

Bei der Vorbereitung könnten Sie folgende Gedanken notieren:

Pro	Kontra
Provokateure würden keine Störbeiträge mehr posten.	Menschen könnten für ihre Meinung im wirklichen Leben verfolgt werden (z. B. durch Neonazis oder totalitäre Systeme).
Es würden nur noch Leute, die wirklich etwas zu sagen habe, schreiben. Dadurch würde man als Leser wirklich etwas lernen, wenn man die Kommentare liest.	Jeder (auch Eltern und Lehrer) würde wissen, was ich privat denke, das geht niemanden etwas an.
Man würde nicht mehr so viel Zeit verlieren, um die guten von den schlechten Beiträgen zu unterscheiden.	Es gibt andere Lösungen, z. B. Gebühren. (Das ist aber eine andere strittige Frage, damit würden ja weitere Probleme ausgelöst werden, eine freie Meinung wäre dann nur etwas für Reiche.)
Die Dialogkultur würde sich deutlich verbessern, Beleidigungen und üble Nachrede würden strafrechtlich verfolgt werden.	Es ist nicht klar, ob die Maßnahme auch Kommentare bei Facebook und damit auch die Accounts beträfe, das würde ich strikt ablehnen.
Internetmobbing würde nachlassen oder ganz verschwinden. Die Anonymität ist eine wichtige Voraussetzung für Cybermobbing.	Die Maßnahme ist nicht durchsetzbar und widerspricht den technischen Prinzipien des Internets und den Maximen der Meinungsfreiheit. Bsp: „arabischer Frühling“, Opposition in China
	Das Potenzial des Internets als basisdemokratisches Instrument gäbe es nicht mehr.
	Jedem steht auch jetzt schon frei, seinen Klarnamen zu nennen. Sich als jemand anderer auszugeben, wird strafrechtlich verfolgt.

6. Schritt

Formulierung und Gliederung der Argumente

Die Pro- und Kontra-Argumente passen inhaltlich jeweils gut zusammen, deshalb wird die Erörterung nach dem Sanduhrprinzip erfolgen.

Die beim 5. Schritt notierten Gedanken werden nun als vollständige Argumente formuliert und aufsteigend nach ihrer Überzeugungskraft strukturiert.

Pro-Seite

1. These: Internetmobbing würde nachlassen oder ganz verschwinden.

Argumente:
- Die Anonymität ist eine wichtige Voraussetzung für Cybermobbing.
- Täter fühlen sich durch die Anonymität sicher, trauen sich eher, andere zu beleidigen.
- Jeder weiß, dass Mobbing ein Strafbestand ist. Wenn man mit seinem Klarnamen jemand anderen mobbt, würde man sofort angezeigt werden.

Belege:
- aktuelle Mobbingstudien, die kürzlich in der Zeitung standen
- eigene Erfahrungen bzw. Erfahrungen von Mitschülern

2. These: Die Dialogkultur in Blogs würde sich verbessern.

Argumente:
- Provokateure würden keine Störbeiträge mehr posten, weil Beleidigungen und üble Nachrede strafrechtlich verfolgt werden könnten.
- Das Gesprächsverhalten wäre wie bei einem Gespräch im echten Leben, keiner könnte sich hinter Nicknames verstecken.
- Es würden nur noch Leute, die wirklich etwas zu sagen habe, schreiben. Dadurch würde man als Leser wirklich etwas lernen, wenn man die Kommentare liest.
- Man würde nicht mehr so viel Zeit verlieren, um die guten von den schlechten Beiträgen zu unterscheiden.

Belege/Bezug zum Artikel:
- Beckedahls Probleme mit den Provokateuren ließen sich dadurch beheben. Er nennt v. a. das Zeit- und Nervenproblem (Z. 52 f.).
- Bloggen wäre dann kein Mainstream mehr, was Beckedahl ja moniert (Z. 23 f.).
- Die sozialen Normen im digitalen Raum würden dann denen im analogen Raum entsprechen (Z. 86 ff.).

Kontra-Seite

1. These: Die Maßnahme ist nicht durchsetzbar.

Argumente:

- Es ist nicht klar, wie weit die Maßnahme gehen soll. Wären z. B. Facebook-Accounts davon betroffen? Solange das nicht klar ist, kann ich der Maßnahme nicht zustimmen.
- Die Maßnahme widerspricht den technischen Möglichkeiten und Prinzipien des Internets und ist nicht kontrollierbar.

Belege:

- Jeder kann sich mehrere Identitäten zulegen, indem er mehrere E-Mail-Adressen einrichtet, mit deren Hilfe er dann Sockenpuppen oder Smurfs (Nebenidentitäten der gleichen realen Person) kreiert. Das beherrscht jeder User.

2. These: Ich würde mich persönlich nicht mehr bei Online-Diskussionen beteiligen.

Argumente:

- Jeder könnte lesen, welcher Meinung ich bin und wie aktiv ich im Internet bin. Das geht niemanden etwas an.
- Ich müsste befürchten, dass z. B. meine Eltern oder meine Lehrer lesen, welcher privaten Meinung ich bin, und dass sie mich dafür vielleicht kritisieren. Oder ich würde nur die Meinung schreiben, die man von mir erwartet, dann wäre ich für meine Freunde ein Streber.
- Meine Meinung würde noch Jahre lang in Verbindung mit meinem Klarnamen zu finden sein, auch wenn ich meine Ansicht vielleicht schon geändert habe. Ich müsste meine Einträge regelmäßig wieder besuchen und verwalten, um sicherzugehen, dass mir dadurch kein Schaden entsteht, z. B. bei einem zukünftigen Arbeitgeber.

Belege:

- Einmal habe ich im öffentlichen Modus bei Facebook ein Musikvideo geliked, das einigen Mitschülern nicht gefiel, und wurde dann damit wochenlang geärgert. Das ist nur ein kleines Beispiel, es zeigt aber, dass alles beobachtet wird, was man öffentlich macht.

3. These: Der Zwang zur Verwendung von Klarnamen bedeutet einen Verlust für die Demokratie und die Menschenrechte.

Argumente:

- Das Internet als basisdemokratische Waffe braucht die Anonymität als Schutzraum, sonst hätte es die Enthüllungsaktionen von WikiLeaks nie gegeben.
- Menschen, die für bestimmte Kräfte eine unbequeme Meinung vertreten, könnten für ihre Meinung im wirklichen Leben verfolgt werden (z. B. durch Neonazis oder totalitäre Systeme).

Beispiele/Belege:

- Für Beckedahl käme diese Maßnahme überhaupt nicht infrage: „Selbstverständlich wollen wir auch weiterhin anonymes Kommentieren ermöglichen, damit niemand bei der Anmeldung zu viele Datenspuren hinterlassen muss." (Z. 91 ff.)
- „arabischer Frühling", Opposition in China

7. Schritt **Vorbereitung von Einleitung und Schluss**

Geeignetes Zitat zur Eröffnung der Erörterung:
„Ich habe keine Lust auf die gruppendynamischen Rituale, in denen sich einige Verrückte gegenseitig in Rage kommentieren. Manchmal bis hin zur Morddrohung gegen mich oder andere." (Z. 5 ff.) Hier ist der Verdruss des Autors und die Beschreibung des unerträglichen Verhaltens am stärksten zugespitzt.

Bezug zum Artikel/Position des Autors:
Der in der ZEIT am 30. 8. 2013 erschienene Kommentar „Argumentiert! Pöbelt nicht herum!" von Markus Beckedahl thematisiert den Verdruss des Autors, der einen Blog betreibt, aufgrund der zahlreichen Störkommentare. Er beklagt den Verlust einer guten Gesprächskultur und berichtet von seiner Initiative, durch einen metakommunikativen Dialog mit seinen Usern gemeinsam zu einem Verhaltenskodex zu finden.

Schluss der Erörterung:

Auch wenn einige Argumente für die Verpflichtung zum Einsatz von Klarnamen sprechen, kann die Entscheidung nicht für diese Maßnahme fallen. Die Gegenargumente, unter die auch die mangelnde Durchführbarkeit fällt, sind zu erdrückend. **Am schwersten wiegt** dabei das Argument, dass Menschen aufgrund ihrer freien Meinungsäußerung verfolgt werden könnten und damit das Internet sein demokratisches Potenzial verlieren würde. In einem Online-Artikel habe ich **zwar** davon gelesen, dass einzelne osteuropäische Länder dazu übergehen, Gebühren auf das Lesen und Erstellen von Kommentaren zu erheben, diese Lösung halte **ich aber** auch nicht für vertretbar, weil dann die freie Meinungsäußerung eine Frage des Geldes wäre. Möglicherweise könnte man Störkommentare auch in Anlehnung an die Ausschlussfunktion von Gruppen in sozialen Netzwerken minimieren. Auf schueler.cc werden z. B. Personen, die nicht zur Gruppe gehören, durch eine bestimmte Anzahl von Gegenstimmen aus der Gruppe gewiesen.

Ich bin dagegen, die Verwendung von Klarnamen verpflichtend einzuführen. Jedem User steht es auch jetzt frei, seinen realen Namen zu nennen. **Ich schließe mich der Auffassung Beckedahls in der Hinsicht an**, dass nur im Dialog und im Prozess mit den Usern eine Rückbesinnung auf soziale Normen erfolgen kann; dann würde sich die Gesprächskultur auch wieder verbessern. Einen Verhaltenskodex für das Internet gibt es sogar schon – die Netiquette. Vielleicht wäre es ja hilfreich, sich auf dieses wohl in Vergessenheit geratene Instrument zur Selbstregulierung zu besinnen.

Musterlösung

Teilaufgabe 1

Die folgende Bearbeitung stellt **eine** *mögliche Lösung dar. Hier wurde nach einer chronologisch gegliederten Darstellung des Inhalts die Form der aspektorientierten Analyse ausgewählt. Ebenso könnte man alternativ eine chronologische Analyse schreiben.*

Einleitung: Titel, Autor, Quelle, Thema, kurze Inhaltsangabe

In dem am 30. 8. 2012 in der ZEIT erschienenen Kommentar „Argumentiert! Pöbelt nicht herum!" äußert der Autor Markus Beckedahl seinen Verdruss über manche User seines Blogs Netzpolitik.org, die, obwohl sie numerisch in der Minderheit sind, durch beleidigende Äußerungen (sog. Troll-Beiträge) die einst positive Dialogkultur des Forums torpedieren, und wägt Möglichkeiten der Intervention ab. Er sieht sich in einem Dilemma zwischen dem Wunsch nach freier Meinungsäußerung in der interaktiven Kommunikation und der Befürchtung, sich durch das Löschen von beleidigenden und störenden Kommentaren von den Störern den Vorwurf der Zensur einzuhandeln. Er berichtet von einem Lösungsansatz, der auf dem Miteinander des Bloggers mit den konstruktiven Usern und einem metakommunikativen Dialog basiert.

Informationen über den Autor (aus dem Subtext)

Der Verfasser des Artikels ist Markus Beckedahl, der das Blog auf *netzpolitik.org* betreut und Bloggerkonferenzen organisiert. Zudem hat er mit einem Co-Autor ein Buch über die digitale Gesellschaft veröffentlicht. Er ist also ein Kenner des Themas; die Auseinandersetzung mit der interaktiven Kommunikation ist sein Beruf.

Gliederung und abschnittsweise Untersuchung

1. Abschnitt: persönliche Betroffenheit

Der Text kann in **fünf Sinnabschnitte** gegliedert werden. Der erste Abschnitt (Z. 1–7) dient als Einleitung. Beckedahl umreißt hier über einen sehr persönlichen Zugang die **Problematik der verunglimpfenden Blog-Beiträge**. Er äußert hier schon zweimal, er habe keine Lust mehr.

2. Abschnitt: Vorgeschichte

Im zweiten Abschnitt (Z. 8–29) berichtet Beckedahl von der **Vorgeschichte dieses Verdrusses**. Er habe das Blog vor acht Jahren als digitales Bürgerrechts- und Demokratieprojekt gestartet und damit eine soziale Bewegung ausgelöst. Zunächst habe er der neuen interaktiven Dialogkultur euphorisch gegenübergestanden, dann seien die User immer zahlreicher und immer weniger thematisch spezialisiert geworden, zuletzt habe das Blog seine Besonderheit verloren, weil der Dialog z. T. auf Stammtischniveau verlaufe und die ursprünglichen Netzaktivisten sich deshalb zurückgezogen hätten.

3. Abschnitt: Rückblick des Autors

Im dritten Abschnitt (Z. 30–41) erfolgt ein Rückblick des Autors auf den Erfolg seiner Tätigkeit als Blogger. Es entsteht ein von **Überdruss** und **Er-**

schöpfung geprägtes Bild: Er habe seine Zeit verschwendet, rechtliche Verantwortung für unverantwortliche Kommentare übernehmen müssen und sich vergeblich darum bemüht, gegen die Minderheit der Provokateure anzuschreiben.

Das Dilemma des Bloggers wird im vierten Abschnitt (Z. 42–88) dargestellt. Er müsse die Masse der Kommentare bewältigen und **Qualität sichern**, eine freie Meinungsäußerung ermöglichen, **Troll-Beiträge aber unterbinden**, ohne sich Zensurvorwürfen ausgesetzt sehen zu müssen. Beckedahls Darstellung mündet in einem vierfachen Appell an die Provokateure: Kritik solle ohne Beleidigungen und Unterstellungen geäußert werden, anstatt mit Provokationen solle mit Argumenten debattiert werden, die Freiheit der anderen dürfe nicht verletzt werden. Beckedahl betont die Bedeutung der freien Meinungsäußerung für die Netzpolitik und wägt verschiedene **Möglichkeiten der Einflussnahme auf die Kommentare** ab: Störkommentare könnten gelöscht, von den Usern bewertet und entsprechend der Bewertung nach unten sortiert werden. Er fordert die **Entwicklung sozialer Normen für den digitalen Raum**.

4. Abschnitt: Dilemma des Bloggers

vierfacher Appell

Bedeutung der freien Meinungsäußerung

Im letzten Abschnitt (Z. 89–106) nennt der Autor einen weiteren Lösungsvorschlag, nämlich die Option, die Kommentarfunktion abzuschalten. Er verwirft diese jedoch und berichtet davon, dass er sich in seinem Blog dazu entschieden habe, die **Leser um Rat** zu **fragen**. Er beschwört die Gemeinschaft zwischen Blogger und verantwortungsvollen Usern und ergreift selbst die Initiative, indem er einen metakommunikativen Austausch anregt, um im Dialog gemeinsam die Provokateure aus dem Blog zu vertreiben.

5. Abschnitt: mögliche Lösungen

Gemeinschaft wird beschworen

Initiative des Autors

Der **Titel** des Artikels wirkt auf den Leser, der noch nicht weitergelesen hat, zunächst eher umgangssprachlich und sehr persönlich. Der **Untertitel** „Ein Aufschrei" erweckt nicht den Eindruck von Professionalität, sondern betont bewusst die Hilf- und Ratlosigkeit in Anbetracht der zahllosen destruktiven Störkommentare. Der Titel deutet an, dass der Artikel eher in einem lockeren, **ironischen Plauderton** geschrieben ist, was sich beim Lesen des ersten Abschnitts bestätigt. Titel und Textanfang erregen Aufmerksamkeit und wecken Neugierde. Der Artikel ist in der ZEIT erschienen und richtet sich damit an eine eher gebildete und kritische Leserschaft. Man fühlt sich als Leser durch die Imperative im Titel direkt angesprochen, auch wenn man selbst kein Blogger ist. Der Titel hat ohnehin Allgemeingültigkeit: Unabhängig vom digitalen Kontext wird jeder Leser die Äußerung „Argumentiert! Pöbelt nicht herum!" als Maxime einer gelungenen Kommunikation verstehen. Das Wort „pöbeln" ist ein pejorativer Ausdruck, der sich von dem Begriff „Pöbel", einer beleidigenden Bezeichnung für das einfache Arbeitervolk, ableitet. Mit „pöbeln" as-

aspektorientierte Analyse des Textes

Wirkung und Intention des Titels und Textanfangs

Begriff „pöbeln" im Kontext zu „argumentieren"

soziiert man sofort Betrunkene, die nicht mehr zurechnungsfähig sind und mit Kraftworten andere Menschen einschüchtern. Dieses Verb wird als Antithese zu „argumentieren" verwendet. Ein Argument zeichnet sich dadurch aus, dass es durchdacht und logisch ist und mit der Kraft des Geistes den Gegner überzeugt. Die beiden Verben bilden somit die äußersten Gegensätze hinsichtlich der durch sie bezeichneten Kommunikationsqualität. Der starke Kontrast im Titel des Kommentars dient der Leserbindung und deutet eine gewisse Polemik im folgenden Artikel an.

Leserbindung

Polemik

Umgangssprache als sprachliches Gestaltungsmittel

Die Verwendung der Umgangssprache setzt sich im gesamten Artikel fort, z. B. „blöd angemacht werden" (Z. 27), „in den Griff bekommen" (Z. 100) oder beim umgangssprachlichen Satzbau und bei den unvollständigen Sätzen (Z. 9 f., Z. 27 f., Z. 50 f.). Beckedahl übernimmt die eher **am Mündlichen orientierte Sprache des Netzes** für den ZEIT-Kommentar; damit macht er sich als Blogger glaubwürdig. Zugleich betont er damit seine persönliche Betroffenheit: Es wirkt, als könne er über das Thema einfach nicht sachlich schreiben.

Betonung der persönlichen Betroffenheit

Die Betonung der persönlichen Betroffenheit ist eines der wesentlichen sprachlichen Gestaltungselemente. Damit unterstreicht der Verfasser die **Dringlichkeit des Handlungsbedarfs**. Zudem kann der Leser seinen Verdruss gut nachvollziehen: Keiner hätte wohl unter den gegebenen Umständen Lust, diesen Job zu übernehmen. Sprachlich setzt Beckedahl dies durch die auffällig häufige Verwendung der 1. Person Singular und des Personalpronomens **„ich"** um. Der Artikel ist zwar ohnehin in der Ich-Form verfasst, der Autor berichtet über die Entwicklung seines Blogs, zusätzlich drückt er sich jedoch durchgehend in einem sehr verbalen und die Handlungen des „ich" betonenden Stil aus (z. B.: Z. 64: „möchte ich", Z. 78: „Ich möchte nicht", Z. 89: „Manchmal denke ich daran"). Besonders deutlich wird dies in der viermaligen Wiederholung der Formulierung „Ich habe keine Lust (mehr)" (Z. 1, 5, 33, 104). Sollten Zweifel daran aufkommen, dass dieses „ich" berechtigt ist, sich in dieser Form zu dem Thema zu äußern, so werden diese durch die bewusste Verwendung von Fachbegriffen und Netzjargon ausgeräumt, z. B. bei der Wortfamilie zu „Blog" (bloggen, Blogger), die im gesamten Artikel präsent ist, und den Begriffen „Dialogfunktion" (Z. 11), „Trolle" (Z. 24), „Datenspuren" (Z. 93) und „Community" (Z. 94 f.). Damit erweist sich der Autor als Kenner des Themas.

Verwendung der Personalpronomen und -formen

Im bewussten Kontrast zur und im Wechsel mit der 1. Person Singular setzt der Autor auch die 1. Person Plural und das Personalpronomen **„wir"** zielgerichtet ein. So ruft er seine Leser wie folgt auf: „Trotzdem sollten wir den Spinnern nicht die Kommentarspalten überlassen." (Z. 76 f., Hervorhebung der Autorin) Am Schluss des Textes verwendet er zwar die Ich-Form, betont aber die Gemeinsamkeit mit „seinen“ Lesern („Ich will mit meinen Lesern das Netz von den Trollen zurückerobern.“, Z. 105 f., Hervorhebung der Autorin). Durch diese Verwendung der Personalformen verdeutlicht Beckedahl seine **Verbrüderung mit den konstruktiven Usern** gegen die destruktiven Kommentatoren, er baut ein Gemeinschaftsgefühl auf, um gemeinsam Front gegen die sog. „Trolle“ zu machen.

Verbrüderung, Aufbau eines Gemeinschaftsgefühls

Der Begriff „**Troll**“, ein Beispiel für Netzsprache, kann auch metaphorisch gedeutet werden. Er impliziert eine gewisse Verharmlosung der Gegner, weil er diese in die Nähe von Kindermärchen rückt, zugleich werden mit dem Begriff aber auch bestimmte Urängste vor Wesen deutlich, die nicht greifbar sind, die nur Unheil anrichten und mit dem Bösen im Bunde stehen. Die Formulierung, man wolle „**das Netz von den Trollen zurückerobern**“ (Z. 105 f.), ist als **Appell** zu verstehen, wobei „zurückerobern“, ein Wort, das aus der Kriegsführung kommt, metaphorisch gebraucht ist und den Kampfgeist des Autors verdeutlicht.

Begriff „Troll“/ Metapher (Benennung, Erläuterung, Deutung)

Auch der **Satzbau** wurde von Beckedahl ganz bewusst gestaltet. So formuliert er zwei eigentlich **rhetorische Fragen** über den Umgang mit destruktiven Kommentaren (vgl. Z. 70–73), beantwortet diese jedoch selbst. Beckedahl tritt hier in einen **Dialog mit sich selbst** ein, der auf den Dialog mit seinen Usern vorausweist, welchen er als Lösungsansatz am Schluss präsentiert.

Einsatz von Fragen Deutung, Intention

Im vorletzten Absatz (Z. 89–98) reiht er drei Fragen aneinander, die er sich gestellt hat und die schließlich zu der Initiative geführt haben, das Problem gemeinsam mit den Usern in Angriff zu nehmen. Damit zeigt er die Schwierigkeiten des Themas auf, die er gemeinsam mit den Usern klären möchte. Den metakommunikativen Impuls selbst, mit dem er sich an die User gewandt hat, setzt er als letzte, alle anderen Themen in sich vereinigende Frage bewusst an das Ende des Absatzes.

Die **Reihung von drei sprachlichen Elementen** (Trikolon) fällt auch an weiteren Textstellen auf, häufig in Verbindung mit Anaphern oder einer Klimax. So werden an zwei verschiedenen Stellen kausale Nebensätze mit „weil“ dreimal aneinandergereiht (Z. 27 f. und 50 f.), dreimal heißt es „es kostet“ (Z. 52) und das Pronomen „ich“ häuft sich anaphorisch dreimal (Z. 104 f.). Das Trikolon ist in der Rhetorik ein Mittel zur **Intensivierung** von Formulierungen. Beckedahl zeigt damit die Vielzahl von Gründen, Kosten und persönlichen Bezügen auf. Zugleich markieren diese Reihungen jeweils Höhepunkte in der Darstellung und betonen die Emotionalität des Anliegens.

Trikolon Textbelege Deutung

Appell, Imperativ

Den **Höhepunkt** erreicht Beckedahls Darstellung in den an die Gegner gerichteten Imperativen (vgl. Z. 64–67), welche kurz gefasst lauten:

1. Informiert euch!
2. Argumentiert!
3. Pöbelt nicht herum!
4. Respektiert die Freiheit der anderen!

Autoritätsargument

Beckedahl appelliert nicht nur an die Provokateure, mit jedem der vier Imperative wird die Nachricht auch intensiver, am Ende wird indirekt die Ebene der **Grund- und Menschenrechte** angesprochen, das Autoritätsargument schlechthin.

Bewertungen des Verfassers durch die sprachliche Gestaltung

Die Verwendung des Begriffs „Troll" für die Onlineprovokateure weist auf ein weiteres Charakteristikum des Textes hin: die zahlreichen Bewertungen, die der Verfasser explizit und implizit vornimmt. Beckedahl bezeichnet die Zeit, die er mit Störkommentaren zubringt, als vergeudet (Z. 2) und seine Kommentarkritik als „gängeln" (Z. 44); er spricht von der „negative[n], aufgeladene[n] Stimmung" (Z. 33), die im Blog herrsche, seitdem dort Provokateure schrieben. Deren Machenschaften bezeichnet er als „[k]rude Verschwörungstheorien" (Z. 43), „menschenverachtende Äußerung[en]" (Z. 61 f.) und „Hetzkommentare" (Z. 82). Die Provokateure selbst tituliert er als „Verrückte" (Z. 6), „Trolle" mit „Stammtisch"-Niveau (Z. 24), „Spinner" (Z. 76) und er entwirft von ihnen das Bild unattraktiver, frustrierter Verlierertypen (vgl. Z. 38–41).

Textsorte

Die deutlichen Wertungen entsprechen im Prinzip dem **Charakter eines Kommentars**. Hier bringt der Autor aber auch sehr stark seine eigene Befindlichkeit mit ein. Er geht davon aus, dass niemand die Sachlage anders bewerten würde als er selbst, und kann auf ein breites Einverständnis bei den Lesern vertrauen.

Kritik an der Machart des Textes

Problematisch daran ist, dass er seinerseits die destruktiven Kommentatoren beleidigt. Ganz klar bestätigt sich der schon aufgrund des Titels geäußerte Verdacht der **Polemik**, wodurch sich bei mir deutliche Zweifel daran regen, ob dieser Kommentar selbst den richtigen Ton für eine Deeskalation und einen konstruktiven Dialog trifft.

Teilaufgabe 2

„Ich habe keine Lust auf die gruppendynamischen Rituale, in denen sich einige Verrückte gegenseitig in Rage kommentieren. Manchmal bis hin zur Morddrohung gegen mich oder andere." (Z. 5 ff.) In dieser Äußerung spitzt sich der Verdruss von Markus Beckedahl am stärksten zu. Er ist Verfasser des in der ZEIT am 30. 8. 2012 erschienenen Kommentars „Argumentiert! Pöbelt nicht herum!" und Betreiber des Blogs Netzpolitik. In dem Artikel thematisiert er seinen Ärger aufgrund der zahlreichen Störkommentare. Er beklagt den Verlust einer guten Gesprächskultur und berichtet von seiner Initiative, durch einen metakommunikativen Dialog mit seinen Usern gemeinsam zu einem Verhaltenskodex zu finden.

Eröffnung über ein Zitat

Bezug zum Artikel

Position des Autors

Wäre dem Blogger vielleicht damit geholfen, dass man User bei Onlinekommentaren **zur Verwendung ihrer Klarnamen verpflichten** würde?

Überleitung zum Erörterungsthema

Diese Maßnahme hätte sicherlich einige positive Folgen.

Pro-Seite

Zunächst kann man davon ausgehen, dass das **Mobbing im Internet nachlassen** oder sogar ganz verschwinden würde. Wie aus aktuellen Studien zum Mobbing im Internet hervorgeht und wie betroffene Schüler aus eigenen Erfahrungen oder aus Erzählungen von Mitschülern wissen, ist die Anonymität eine wichtige Voraussetzung für Cybermobbing. Täter fühlen sich durch die Anonymität sicher und trauen sich eher, andere zu beleidigen. Es ist ihnen auch bekannt, dass Mobbing eine Straftat ist. Wenn sie mit ihrem Klarnamen jemand anderen mobben würden, könnten sie sofort angezeigt werden. Dieses Argument ist für mich als Schülerin besonders wichtig, weil es meinen eigenen Lebensraum betrifft, zu dem ich auch das Internet zähle.

1. These

Belege

Argument

Eine zweite Folge wäre, dass sich die **Dialogkultur** in Blogs deutlich **verbessern** ließe. Provokateure würden keine Störbeiträge mehr posten, weil Beleidigungen und üble Nachrede strafrechtlich verfolgt werden würden. Das Gesprächsverhalten wäre wie bei einem Gespräch im echten Leben, keiner könnte sich hinter Nicknames verstecken. Die sozialen Normen im digitalen Raum würden dann denen im analogen Raum entsprechen (vgl. Z. 85 ff.). Es würden nur noch Leute, die wirklich etwas zu sagen habe, schreiben. Dadurch könnte man als Leser wirklich etwas lernen, wenn man die Kommentare liest. Bloggen wäre dann kein Mainstream mehr, was Beckedahl moniert (vgl. Z. 23). Schließlich würde man auch nicht mehr so viel Zeit verlieren, um die guten von den schlechten Beiträgen zu unterscheiden.

2. These
Argumente und Belege

Die genannten Argumente sprechen für eine Verpflichtung, Onlinekommentare nur mit Klarnamen zu verfassen. Sie sind insofern ernsthaft zu bedenken, als sie die psychische Belastung vieler Schüler, die unter Cybermobbing leiden

Überleitung zur Kontra-Seite

(im Moment jedes fünfte Kind), lindern und die digitale Gesprächskultur deutlich verbessern würden. Demgegenüber stehen aber auch schwerwiegende **Kontra-Argumente**.

1. These Zunächst muss festgestellt werden, dass die **Maßnahme** überhaupt **nicht durchsetzbar** ist. Es ist nämlich nicht im Ansatz geklärt, wie weit diese gehen soll. Wären z.B. Facebook-Accounts davon betroffen? Solange das nicht klar *Argumente* ist, kann ich nicht zustimmen. Außerdem widerspricht die Maßnahme den technischen Möglichkeiten und Prinzipien des Internets und ist nicht kontrol- *Belege* lierbar. Jeder kann sich im Netz mehrere Identitäten zulegen, indem er mehrere E-Mail-Adressen einrichtet, mit deren Hilfe er dann „Sockenpuppen" oder „Smurfs" kreiert. Das beherrscht im Prinzip jeder User.

2. These *Argumente* Gälte der Zwang zu Realnamen, würde ich **mich nicht mehr bei Online-Diskussionen beteiligen**. Jeder könnte dann lesen, welcher Meinung und wie aktiv ich im Internet bin. Das geht niemanden etwas an. Ich müsste auch befürchten, dass z. B. meine Eltern oder meine Lehrer lesen, welcher privaten Meinung ich bin, und dass sie mich dafür vielleicht kritisieren. Oder ich würde nur die Meinung schreiben, die man von mir erwartet, dann wäre ich für meine Freunde ein Streber. Meine Ansicht würde noch Jahre lang in Verbindung mit meinem Klarnamen zu finden sein, auch wenn ich sie vielleicht schon geändert habe. Ich müsste meine Einträge regelmäßig wieder besuchen und verwalten, um sicherzugehen, dass mir dadurch kein Schaden entsteht, z. B. bei einem zukünftigen Arbeitgeber.

Beispiel Einmal habe ich im öffentlichen Modus bei Facebook ein Musikvideo geliked, das einigen Mitschülern nicht gefiel, und wurde dann damit wochenlang geärgert. Das ist nur ein kleines Beispiel, es zeigt aber, dass alles beobachtet wird, was man öffentlich macht.

3. These Der wichtigste Grund jedoch gegen die Maßnahme ist die Konsequenz, dass der Zwang zu Klarnamen einen **Verlust für die Demokratie und die Men-** *Argument* *Beleg* **schenrechte** darstellen würde. Das Internet als basisdemokratische Waffe braucht die Anonymität als Schutzraum, sonst hätte es beispielsweise die Enthüllungsaktionen von WikiLeaks nie gegeben. Die Personen, die etwas schreiben, könnten auch im wirklichen Leben ausfindig gemacht werden. Menschen, die eine für bestimmte Kräfte unbequeme Meinung vertreten, würden Schwierigkeiten bekommen und wegen ihrer frei geäußerten Meinung verfolgt werden. In Deutschland gibt es Neonazi-Gruppen, die gezielt im Internet nach Menschen suchen, deren Ansicht ihnen nicht passt, und diese dann im wirklichen Leben bedrohen. In anderen Ländern werden Oppositionelle von *Beispiele* staatlicher Seite verfolgt (in manchen arabischen Ländern, China). Der „arabische Frühling" hätte ohne die jetzigen Möglichkeiten des Internets nicht stattgefunden. Wer da mit seinem Klarnamen unterschreibt, würde sofort festgenommen werden. Für Markus Beckedahl käme diese Maßnahme überhaupt nicht infrage. Er geht selbstverständlich davon aus, dass auch „weiterhin anonymes Kommentieren ermöglich[t werden soll], damit niemand bei der Anmeldung zu viele Datenspuren hinterlassen muss" (Z. 92 f.).

Bezug zum Artikel

Auch wenn einige Argumente für die Verpflichtung zum Einsatz von Klarnamen sprechen, kann die **Entscheidung nicht für diese Maßnahme** fallen. Die Gegenargumente, zu denen auch die mangelnde Durchführbarkeit zählt, sind zu erdrückend. **Am schwersten wiegt** dabei das Argument, dass Menschen aufgrund ihrer freien Meinungsäußerung verfolgt werden könnten und damit das Internet sein demokratisches Potenzial verlieren würde. In einem Online-Artikel habe ich zwar davon gelesen, dass einzelne osteuropäische Länder dazu übergehen, Gebühren auf das Lesen und Erstellen von Kommentaren zu erheben, diese Lösung halte ich aber auch nicht für vertretbar, weil dann die freie Meinungsäußerung eine Frage des Geldes wäre. Möglicherweise könnte man Störkommentare auch in Anlehnung an die Ausschlussfunktion von Gruppen in sozialen Netzwerken minimieren. Auf *schueler.cc* werden z. B. Personen, die nicht zur Gruppe gehören, durch eine bestimmte Anzahl von Gegenstimmen aus der Gruppe gewiesen.

Schlussteil: Zusammenfassung Abwägung der Argumente

Ich bin dagegen, die Verwendung von Klarnamen verpflichtend einzuführen. Jedem User steht es auch jetzt frei, seinen realen Namen zu nennen. Ich schließe mich der Auffassung Beckedahls in der Hinsicht an, dass nur im Dialog und im Prozess mit den Usern eine Rückbesinnung auf soziale Normen erfolgen kann; dann würde sich die Gesprächskultur auch wieder verbessern. Einen Verhaltenskodex für das Internet gibt es sogar schon – die Netiquette. Vielleicht wäre es ja hilfreich, sich auf dieses wohl in Vergessenheit geratene Instrument zur Selbstregulierung zu besinnen.

Äußerung der eigenen Meinung

Aufgabenstellung

1. Analysieren Sie, wie der Autor seine Position argumentativ entwickelt. Berücksichtigen Sie dabei auch die sprachliche Gestaltung. (40 %)
2. Erörtern Sie ausgehend von Ihren Analyseergebnissen die Position des Autors in Bezug auf die Bedeutung des Urheberrechts. (60 %)

Text

Tod des Autors

Von Thomas Assheuer

Erinnert sich noch jemand an den „Tod des Autors“, damals, Mitte der goldenen siebziger Jahre?

Die Theorie vom Tod des Autors stellte in den 1960er-Jahren die Kontrolle des Urhebers über sein Werk infrage.

[…] Die These ging so: Was der Alteuropäer einen „Urheber“ nenne, das sei in Wirklichkeit bloß ein winziger „Knoten“ im Flechtwerk von Texten, Zeichen und Diskursen. Macht nichts, rief Michel Foucault[1]. „Wen kümmert’s, wer spricht? Das Kennzeichen des Autors ist seine Abwesenheit.“

Wer glaubt, das sei intelligenter Unfug aus dem akademischen Museum, liegt leider falsch. Die Theorie vom „Tod des Autors“ ist wieder sehr lebendig, und die Piraten haben an ihrer Wiederkehr kräftig mitgewirkt. Denn worum geht es im Streit um Urheberrechte im Internet? Es geht, natürlich, um den „Tod des Autors“, es geht um Leben und Sterben des Urhebers in der digitalen Welt.

Auch im Netz, sagen viele Künstler, müssen die Rechte von Autoren und anderen Urhebern geschützt, sie müssen für ihre „geistigen Erzeugnisse“ bezahlt werden. „Irrtum“, sagen die Piraten, das Internet ist eine Revolution, es stellt unsere Grundannahmen radikal auf den Kopf. Mit dem Internet betreten wir eine spektakulär neue Epoche der Kommunikation, und darin ist alles ganz anders. […] Der „alte“ Urheber, das Originalgenie des Abendlandes[2], wird von den digitalen Strömen verschluckt; im Netz sind Individuum und Gemeinschaft kaum mehr zu unterscheiden. Alles fließt, und alle sind alles gleichzeitig: Die User, sagen die Piraten, sind Produzenten und Konsumenten, sie sind Verteiler und Vervielfacher. Das Betriebsgeheimnis des Netzes ist die Kopie.

Den Begriff „geistiges Eigentum", sagt die Piratin Julia Schramm, finde sie „ekelhaft", denn ein Urheber sei höchstens „ein Filter" (FAZ vom 27. April 2012). Etwas höflicher sagt es das Parteiprogramm der Piraten. Es spricht zwar von einem „fairen Interessensausgleich" zwischen Autor und Öffentlichkeit, aber das Denkmuster ist gleich. Weil ein Künstler in seinem Werk auf den „öffentlichen Schatz an Schöpfungen" zurückgreife, sei sein Werk bloß eine „Rückführung" vorgefundener Symbole in den öffentlichen Raum. „Rückführung" – das Wort darf man sich auf der Zunge zergehen lassen. Es klingt so, als sei der Künstler ein unverschämter Pirat, der das Königliche Handelsschiff der Kultur überfallen habe und nun das Geraubte in Gestalt seines Werks schleunigst zurückerstatten müsse. Der Künstler ist für die Piraten jedenfalls kein Originalerfinder, er schippert mal hier, er schippert mal dort, er ist ein Sampler und Mixer […], lebt […] von fremden Texten und Bildern. Er bastelt mit Metaphern, die andere vor ihm entdeckt, und er setzt Töne, die andere längst gesungen haben. […]

Vielleicht ist es der Partei gar nicht bewusst, aber wenn sie mit einem Mausklick den Urheber – oder weil der Computer gerade hochgefahren ist: gleich die gesamte bürgerliche Person – auf Fußnotengröße verkleinert, dann knüpft sie an eine philosophische Großdebatte an, die zu den aufregendsten gehört, die das Fach zu bieten hat – die Kontroverse um Macht und Herrlichkeit des Subjekts. Dieser Streit war, grob gesagt, im Gefolge der Aufklärung entstanden, und der große Freibeuter[3] Friedrich Nietzsche[4] war ihr oberster Vorkämpfer. Das moderne Subjekt, befand Nietzsche, habe keinen Grund, die Nase hoch zu tragen. Denn anders als René Descartes oder Immanuel Kant glaubten, sei es keine souveräne und mündige Instanz. Es sei vielmehr eine „Fabel", eine „Bewegung der Feueratome". Ein Irrtum der Natur hat „aus Tieren Menschen gemacht".

[…]

Wer diese Abgesänge auf das Subjekt im Ohr hat, der muss bei den jüngsten Positionsmeldungen der Piraten zum Urheberstreit hellhörig werden. Die Piraten, sagt ihr Berliner Steuermann Christopher Lauer, „leiten viele Forderungen aus den technischen Gegebenheiten des Netzes ab. Die stehen für uns wie Naturgesetze." Naturgesetze? Lauer und andere Piraten erwecken den Eindruck, als sei die Technik an sich schon eine natürliche Wahrheit, ein absolutes Sollen, aus dem heraus sich die Anwendung zwingend ergibt. Warum eigentlich? Muss man, nur weil es die Atomtechnik gibt, die Landschaft mit Reaktoren zupflastern? Zwingt die Gentechnik dazu, Menschen zu züchten?

Polemisch gesagt: Die Verklärung der Computertechnik zum „Naturgesetz" ist Schicksalsglaube 2.0. Der Einzelne ist darin nur ein Anhängsel im Selbstlauf der Systeme; ein Teilchen, das mit kreativem Opportunismus[5] in den großen darwinistischen Strom aus Kapital und Wissen eintaucht und mitschwimmt, so gut er kann. Kann er nicht, hat er Pech gehabt. Deswegen sucht man das Wort „Solidarität" bei den Piraten (fast) vergeblich. Aber vielleicht ist der Wunsch danach ja ein Programmierfehler im abendländischen Menschen.

Natürlich haben die Piraten recht, wenn sie darauf bestehen, dass sich der Einzelne im Netz verändert. Er wird tatsächlich „liquide", er tritt unter verschiedenen Masken und wechselndem Geschlecht auf. Das „starke Subjekt der Moderne", so lautet denn auch die These der italienischen Soziologin Elena Esposito, entwickelt sich wieder zurück ins Mittelalter. Damals gab es [...] keine strikte Unterscheidung zwischen dem *auctor* eines Textes und den Skriptoren, Kopisten und Kommentatoren in den Klöstern, die seinen Text abschrieben oder durch Hinzufügungen für den Leser verständlicher machten. Alle zusammen begriffen sich als Mitverfasser, sie arbeiteten gemeinsam am Buch der Welt, und ihr Ziel war nicht Kritik, sondern Wiederholung. Alle Originalität war eitel, denn es gab nur einen Urheber, und das war Gott.

So ist es, schreibt Esposito, auch in der Computerkommunikation, allerdings mit dem entscheidenden Unterschied, dass Gott als höchste Sinnstiftungsinstanz ausfällt. Der richtungslose Text im Internet ist nun selbst das Allmächtige, und damit verschwinde wieder die „junge Erfindung" des starken Subjekts und die „Dichte des Autorenbezugs". Im Netz zerfällt der Anspruch auf Exklusivität und Einmaligkeit, und wie im Mittelalter scheinen Nachahmung und Wiederholung die letzte mögliche Form von Originalität zu sein. [...]

Mit solcher Skepsis können die Piraten nichts anfangen. Sie wollen, und das macht sie so erfolgreich, die vereinsamten Bürger des Neoliberalismus einsammeln und zur digitalen Urgemeinschaft zusammenführen; sie wollen sich nicht sagen lassen, in der Investorendemokratie sei es unmöglich, Politik zu machen. Doch was ihre Subjektkritik angeht, sind sie kuriosen Medienphilosophen auf den Leim gegangen, und deshalb klingen die Piraten oft so hämisch, wenn sie über Künstler und Urheber reden. Sie haben schlicht vergessen, dass die Menschen noch ein zweites Leben führen, eine Existenz in der analogen und leibhaftigen Wirklichkeit. Sobald sie das Netz verlassen, den täuschenden Schein des Egalitären[6] und die Gleichheit der User, betreten sie das Reale, die soziale Welt der Kämpfe und der Ungleichheit, und dann sind sie wieder Subjekte aus Fleisch und Blut, wie die chinesischen Arbeitssklaven, die in einer modernen Hölle die Computer für Apple und Co zusammenlöten, wenn sie sich nicht gerade aus Verzweiflung vom Fabrikdach gestürzt haben.

Aus: DIE ZEIT, Nr. 19; 3. 5. 2012.

Anmerkungen:

1 Michel Foucault (1926–1984): französischer Philosoph, Historiker, Psychologe und Soziologe

2 Mit Abendland wird die westliche Welt (ursprünglich nur das alte Westeuropa) bezeichnet, wobei besonders dessen ethische Prägung durch die griechische und römische Antike und durch das Christentum hervorgehoben wird.

3 Freibeuter waren Kaperfahrer, die von ihrer Regierung per Kaperbrief die Erlaubnis und den Befehl zum Kapern feindlicher Schiffe erhalten hatten, also offiziell legitimierte Piraten.

4 Friedrich Nietzsche (1844–1900): deutscher Sprachwissenschaftler und Philosoph, Hauptvertreter des Nihilismus

5 Der Opportunismus ist die negativ bewertete Fähigkeit, sich zweckmäßig jeder Lage anzupassen und eigene Grundsätze dabei außer Acht zu lassen.

6 Egalitär: d. h. auf (v. a. soziale) Gleichheit ausgerichtet, Gleichheit anstrebend

Musterlösung

Teilaufgabe 1

Einleitung: Titel, Autor, Quelle, Thema, kurze Inhaltsangabe

In dem am 3. Mai 2012 in der ZEIT erschienenen Artikel „Tod des Autors" problematisiert Thomas Assheuer den durch die Piratenpartei im Zusammenhang mit dem Streit um das Urheberrecht im Internet wieder entflammten Diskurs um die Bedeutung des Subjekts. Er wirft den Piraten vor, mit der Zurückdrängung der Urheberrechte einem Menschenbild Vorschub zu leisten, das dem Einzelnen keine Originalität zuspreche, ihn den großen Kräften des Internets, dem Wissen und dem Kapital, schutzlos ausliefere und einem Rückschritt ins Mittelalter gleichkomme. Die Piraten seien nicht in der Lage, die Unterschiede zwischen realer und virtueller Welt zu erkennen und betrieben unter irregeleiteten ethischen Voraussetzungen eine Dekonstruktion des Subjekts.

Wirkung des Titels, intendierte Wirkung auf die Leser

Der Titel des Artikels ist für mich als Schülerin beim ersten Lesen irreführend. „Tod des Autors" klingt zunächst nach einem Nachruf auf einen verstorbenen Literaten. Dass der Verfasser des Artikels damit auf einen **Diskurs in den siebziger Jahren** anspielt, wird aber gleich im ersten Abschnitt geklärt. DIE ZEIT richtet sich an ein belesenes, literarisch gebildetes Publikum, insofern kann Assheuer davon ausgehen, dass seine zu Beginn gestellte Frage (vgl. Z. 1 f.) von vielen Lesern bejaht werden wird, weil sie gegebenenfalls sogar selbst in den siebziger Jahren schon die Feuilletons gelesen haben. Neben der Anspielung auf diesen Diskurs stellt die Formulierung „Tod des Autors" auch eine Zuspitzung der zentralen These des Textes dar: Assheuer moniert, dass die **Bedeutung des Subjekts durch den Umgang mit dem Urheberrecht im Internet verringert** wird. Wenn der Autor sogar als tot dargestellt wird, so ist das die äußerste Konsequenz dieser Problematik.

chronologische Analyse: Inhalt und sprachliche Gestaltung werden abschnittsweise in ihrem Wirkungszusammenhang analysiert

1. Abschnitt: Dramatisierung Hyperbel

Der Text lässt sich in **fünf Sinnabschnitte** gliedern. Im ersten Abschnitt (Z. 1–17) erinnert Assheuer an das Schlagwort „Tod des Autors" aus der diskurstheoretischen Debatte der siebziger Jahre und leitet zur aktuellen Debatte um das Urheberrecht im Internet über. Er macht die **Piratenpartei** für die Wiederbelebung der Urheberdebatte und die **Schwächung der Interessen der Urheber** verantwortlich. So wie der Titel dramatisiert auch die Aussage, es gehe um „Leben und Sterben des Urhebers" (Z. 16) in der digitalen Welt. Diese Hyperbel setzt die Instanz eines Autors, seine Ansprüche auf das Urheberrecht, mit der Person des Autors gleich und suggeriert, es ginge um Leben und Tod, was bedeuten würde, dass sich die Piratenpartei des Mordes schuldig machte, wenn die ungünstigere Alternative einträte. Die Hyperbel legt nahe, Assheuers Argumentation zu hinterfragen, denn sie ist ein deutliches Zeichen für Polemik.

Polemik

Im zweiten Abschnitt (Z. 18–42) stellt Assheuer die **Interessen von Autoren** und Urhebern **denen der Piratenpartei gegenüber**, die in ihrem Parteiprogramm davon ausgingen, dass ein Künstler in seinem Werk auf einen öffentlich zugänglichen Pool an Gestaltungsmitteln zurückgreife, die alle schon einmal veröffentlicht wurden. Ein neues Kunstwerk sei lediglich eine „Rückführung". Assheuer kritisiert diese Vorstellung; für ihn ist ein Künstler mehr als jemand, der aus altem Material Neues zusammenstellt. Seine Empörung über diesen Begriff wird durch den sarkastischen Einwurf und die Wiederholung in Anführungszeichen deutlich (vgl. Z. 34 f.). In diesem Abschnitt entfaltet Assheuer ein **Leitmotiv**, das im gesamten Artikel in unterschiedlichen Facetten aufgegriffen wird: Er spielt mit dem Wortfeld Wasser bzw. Meer und entwickelt daraus immer wieder Anspielungen auf Piraten. Durch die Wahl dieser Motivik macht er sich indirekt über den Namen der Piratenpartei lustig. Im zweiten Abschnitt wird dies deutlich, wenn er sagt, der Urheber werde von „digitalen Strömen verschluckt" (Z. 24) und „**[a]lles fließt**" (Z. 25). Mit dem letzten Zitat spielt er auf einen Topos aus der griechischen Philosophie (Heraklit) an, wo mit dem Ausdruck „panta rhei" („Alles fließt") die Natur, das Wesen des Menschen, kurz die ganze Welt als sich ständig verändernder Fluss, als dauernder Prozess, dynamischer Wandel und als große Einheit beschrieben werden. Assheuer zeigt damit eigentlich, dass die Idee der Piratenpartei, das digitale Leben im Internet mit einem egalisierenden und kontinuierlichen Prozess gleichzusetzen, nicht neu ist, sondern an **uralte philosophische Traditionen** anschließt.

2. Abschnitt

Kritik

Sarkasmus

Wortfeld Wasser/ Meer/Piraten

Anspielung auf Heraklit

Das **Piratenmotiv** wird besonders in den Zeilen 35 bis 39 weiterentwickelt: Der Autor interpretiert dort den von der Piratenpartei geprägten Begriff der Rückführung, indem er sagt, dieser setze den Künstler mit einem „unverschämte[n] Pirat[en]" gleich, „der das Königliche Handelsschiff der Kultur überfallen habe und nun das Geraubte in Gestalt seines Werks schleunigst zurückerstatten müsse" (Z. 36 ff.). Außerdem sei er „kein Originalerfinder", sondern „schippert mal hier, […] schippert mal dort" (Z. 39). Assheuer bezeichnet innerhalb dieses Vergleichs die Vertreter der Piratenpartei konsequent als „Piraten" (Z. 38) und spielt mit dem Effekt, dass nicht sofort klar wird, ob die bildliche oder die reale Ebene gemeint ist. Durch den Vergleich will der Verfasser verdeutlichen, dass dem **Künstler** durch die Piratenpartei der **Anspruch auf Originalität aberkannt** und er auf eine Ebene mit Kopisten und Gedankendieben gestellt wird. Durch die durchgehende Bezugnahme auf das Wortfeld Pirat zeigt Assheuer zugleich, wen er für wirkliche **geistige Diebe** hält – nämlich diejenigen, die sich ihre Piratenmentalität auf die Parteiflagge geschrieben haben.

Vergleich

Intention des Vergleichs, Bewertung des Autors

Herabwürdigung

3. Abschnitt

Der dritte Abschnitt (Z. 43–71) schließt sich daran mit dem Verweis auf einen weiteren **philosophischen Diskurs** an, der in der aktuellen Debatte mitschwingt. Es gehe um die philosophische **Frage nach der Bedeutung des Subjekts**. Assheuer nennt als Bezugspunkt den Philosophen Friedrich Nietzsche, der aus seiner nihilistischen Perspektive heraus die Bedeutung des Subjekts für sehr gering erachtete und ihm – im Gegensatz zu den Philosophen der Aufklärung – die Mündigkeit und Souveränität absprach. In dieser Tradition stünden nun die Piraten, welche die Infragestellung der Urheberschaft aus den technischen Voraussetzungen des Netzes ableiteten. Assheuer kritisiert die Gleichsetzung dieser Bedingungen mit Naturgesetzen, weil damit ein philosophischer Begriff a priori festgelegt werde, der überhaupt nicht zwingend sei. Damit würde der Einzelne zu einem „Anhängsel im Selbstlauf der Systeme" (Z. 66 f.) minimiert, das in der digitalen Welt „aus Kapital und Wissen" (Z. 68) auf sich allein gestellt sei und selbst zusehen müsse, dass er dabei nicht untergehe. Diese Vorstellung sei auch Grund dafür, dass der Begriff der Solidarität bei den Piraten kaum eine Bedeutung spiele.

Bezug zu Friedrich Nietzsche

Mündigkeit und Souveränität des Subjekts

Kritik an dem Verlust von Solidarität

Fortführung des Piraten-/Wassermotivs

Rückbezug auf Heraklit-Zitat

Auf sprachlicher Ebene führt Assheuer im dritten Abschnitt das Piraten- und Wassermotiv weiter. Er bezeichnet Nietzsche als „große[n] Freibeuter" und „oberste[n] Vorkämpfer" (Z. 49 f.) der Piratenpartei sowie deren Parteivorsitzenden als „Steuermann" (Z. 58). Das Internet wird als „große[r] [...] Strom aus Kapitel und Wissen" bezeichnet, in welchen das Individuum „eintaucht und mitschwimmt" (Z. 67 f.). Hier verweist Assheuer auf das Heraklit-Zitat „Alles fließt" (Z. 25) zurück. Mit dem Adjektiv „darwinistisch" (Z. 68) impliziert er, die Piraten würden mit ihrer Menschensicht an das **Prinzip des Überlebens des Stärkeren** nach Charles Darwin anschließen.

Motiv: Computertechnik

Zudem kommen auf metaphorischer Ebene Bezüge zur Computertechnik hinzu. Assheuer wirft den Piraten vor, sie würden, nur „weil der Computer gerade hochgefahren" sei (Z. 44), zugleich den Urheber per „Mausklick" (Z. 44) und die „gesamte bürgerliche Person [...] auf Fußnotengröße verkleiner[n]" (Z. 45). Auch nennt er die Bezeichnung der Computertechnik als Naturgesetz „Schicksalsglaube 2.0" (Z. 66) und wirft den Piraten vor, den Wunsch nach Solidarität als „Programmierfehler im abendländischen Menschen" (Z. 71) zu verstehen. Das Computermotiv spielt darauf an, dass sich die **Piratenpartei als basisdemokratische Netzpartei** versteht, die Parteitage als Netzkonferenzen abhält und die Rechte der User stärken will. Assheuer macht sich durch diese **ironischen Anspielungen** über das Image der Piraten als *digital natives* lustig; er wirft ihnen vor, aus Übermut, Willkür oder Inkompetenz zugleich die Persönlichkeits- und Urheberrechte zu gefährden.

Deutung und Intention des Motivs

Im vierten Abschnitt (Z. 72–89) reflektiert Assheuer die **Veränderung des Subjekts durch das Internet**. Dabei beruft er sich auf die italienische Soziologin Elena Esposito, welche darauf hinweist, dass die Zurückdrängung der Bedeutung des Einzelnen dem Menschenbild des Mittelalters entspreche. Dies wird an der mittelalterlichen Technik des handschriftlichen Kopierens und Tradierens von Wissen verdeutlicht. Im Gegensatz zum Mittelalter fehle heute jedoch die sinnstiftende Instanz Gott, welchem im Mittelalter als einzigem Schöpfer Gültigkeit und Urheberschaft zugesprochen wurde. Durch den Wegfall dieser übergeordneten Urheberinstanz habe nun der Text selbst die Stelle des Allmächtigen eingenommen, hinter dessen Bedeutung das Subjekt zurücktrete. Weil das Netz aus Text bestehe, sei alles schon einmal geschrieben worden, deshalb speise sich die Originalität im Internet wie im Mittelalter nur noch aus Nachahmung und Wiederholung.

4. Abschnitt

Rückentwicklung zum Menschenbild im Mittelalter

Der Verfasser spielt mit dem Wort „liquide“ (Z. 73) noch einmal auf das Wassermotiv und Heraklits Zitat an, ansonsten ist der Abschnitt durch die Bezugnahme auf die These von Esposito geprägt, die als Autoritätsargument dient.

Wassermotiv, Heraklit-Zitat

Im fünften Abschnitt (Z. 91–104) entwickelt Assheuer den Vorwurf gegenüber den Piraten, sich der philosophischen Konsequenzen ihrer Forderungen nicht bewusst zu sein und mit ihrem nicht genügend durchdachten Programm die Stimmen derjenigen Wähler fangen zu wollen, die in der digitalen Welt beheimatet seien. Den **Piraten** sei der **Unterschied zwischen analoger und digitaler Welt nicht klar**, sie verließen sich auf eine Scheinwelt und übersähen die Härten der Realität, so wie sie über dem Lob der sozialen Gleichheit im Netz ausblendeten, dass die soziale Ausbeutung in der Computerindustrie auch Teil der Welt des Internets sei.

5. Abschnitt

Die Erwähnung der chinesischen Arbeitnehmer, welche sich „aus Verzweiflung vom Fabrikdach“ stürzen (Z. 104), fällt auf den ersten Blick aus dem Gedankenfluss des Artikels heraus und wirkt sehr zynisch. Mit der Formulierung „Arbeitssklave“ (Z. 102) integriert der Autor diesen Bezug zur Ausbeutung von Arbeitnehmern im fernen Osten durch die westlichen Computerkonzerte in die durch den gesamten Artikel geführte Piratenmetapher. Man assoziiert Sklaven, welche auf Piratenschiffen am Ruder sitzen und im Takt der Pauke unter unmenschlichen Bedingungen rudern.

Fortführung der Piratenmetapher

Der Artikel ist durch die häufig die Grenze zur Polemik überschreitenden Wertungen des Autors der Textsorte Kommentar zuzuordnen. Assheuer verleiht seinem Text durch **sprachliche Bildlichkeit** (Piraten, Computer) und Bezüge zu bekannten Philosophen zugleich einen ironischen Ton und den Anspruch einer gewissen Allgemeinbildung, wodurch sich der Kommentar als typisch für die ZEIT erweist.

Textsorte Kommentar

Bezug zur Leserschaft

Teilaufgabe 2

Einleitung über Klärung der Aufgabenstellung

Im Folgenden soll ausgehend von den Analyseergebnissen die Position des Autors zur Bedeutung des Urheberrechts erörtert werden. Assheuers Artikel stellt im Wesentlichen eine **Kritik an der Position der Piratenpartei gegenüber dem Urheberrecht** dar. Diese Haltung ist dem Artikel nicht explizit zu entnehmen, sondern nur ex negativo zu erschließen.

Position des Autors

Im Gegensatz zu der Zurückdrängung der Urheberrechte, wie sie die Piraten laut seiner Darstellung betrieben, hält er an der Bedeutung des **Rechts des Einzelnen an der Originalität seines Werks** fest. Er ist dagegen, dass der Einzelne im Internet schutzlos den Interessen des Kapitals und des Marktes ausgeliefert ist. Die Interessen der Autoren sollen demnach eher gestärkt werden.

Darstellung des eigenen Vorgehens

Die Erörterung von Assheuers Position kann nur über eine kritische Reflexion darüber erfolgen, wie der Autor seine Position argumentativ vertritt. Meine Erörterung wird sich an folgenden Leitfragen orientieren, die sich anhand meiner Analyse ergeben haben.

Gliederung der eigenen Darstellung

1. Sind folgende explizite und implizite **Argumente Assheuers stichhaltig?**
   a) Die Position der Piraten gefährdet die Solidarität.
   b) Computertechnik steht in ihrer ethischen Brisanz auf einer Ebene mit der Atom- und Gentechnik.
   c) Eine Rückentwicklung des Menschenbilds ins Mittelalter ist zu befürchten.
   d) Die Piraten kennen den Unterschied zwischen analoger und digitaler Welt nicht.
2. Ist Assheuers Metaphorik überzeugend?
3. Sind Assheuers Anspielungen auf philosophische Diskurse überzeugend?

Erörternde Stellungnahme zu den einzelnen Gliederungspunkten

Zu 1 a: Assheuer wirft den Piraten vor, die **Solidarität**, eine Grundvoraussetzung für menschliches Miteinander, zu **gefährden** (vgl. Z. 69 ff.). Aus den Nachrichten ist mir bekannt, dass die Piraten immer betonen, dass sie die Rechte der User stärken wollen; wenn man davon ausgeht, dass User und Autoren unterschiedliche Personengruppen sind, liegt die Schlussfolgerung nahe,

Nachvollzug der These/Pro

dass eine Ausweitung der Rechte der User in Bezug auf den freien Zugriff im Internet automatisch zum Schaden der Autoreninteressen gereicht. Dies würde Assheuers Position Recht geben.

Kontra

Andererseits verstehen sich im Internet viele User auch als Autoren (vgl. „Produzenten und Konsumenten", Z. 26), die Personengruppen überschneiden sich folglich weitestgehend. Insofern würden die User in ihrer Eigenschaft als Produzenten in Kauf nehmen, dass ihr Anspruch auf Urheberschaft dafür gemindert wird, dass sie selbst und alle anderen User mühe- und kostenlos auf andere Inhalte zugreifen können. Eine

solche liberale Einstellung zeugt jedoch meiner Meinung nach von einer großen Solidarität.
Anders verhält es sich mit Autoren, die nicht originär im Internet veröffentlicht haben und ihrer Publikation im Internet nicht eindeutig zugestimmt haben, deren Bücher oder Artikel aber dennoch digitalisiert wurden. Dieser Vorgang hat den Literaturmarkt überrollt und greift in der Tat die Interessen der Autoren an. Diesen Aspekt spricht Assheuer jedoch nicht explizit an. Der **Vorwurf des Unsolidarischen** muss somit zumindest **relativiert** werden.

Relativierung der These

Zu 1 b: In einer Klimax von drei rhetorischen Fragen stellt der Autor die ethische Brisanz der **Computertechnik auf eine Ebene mit der Atom- und Gentechnik** (vgl. Z. 63 f.). Natürlich berührt die Debatte um das Urheberrecht und die Frage, wie viel das Recht des Einzelnen gegenüber den Interessen der Vielen wert ist, zentrale Punkte der Ethik und bedarf eines breiten gesellschaftlichen Diskurses. Gemessen an der Gefahr, die von einem Missbrauch der Atom- und Gentechnik ausgeht, erscheint die Computertechnik zunächst harmloser, da sie nicht das Überleben der Menschheit bedroht. Grundsätzlich ist die **Gefahr einer Fehlentwicklung** natürlich nicht zu unterschätzen: Hacker bedrohen schon jetzt die Finanzwelt und Geheimdienste, die neue Kommunikation prägt ein neues Bild vom erfolgreichen Menschen, Bürger- und Datenjournalisten finden jede unstimmige Zahl und hinterfragen jedes gesprochene und geschriebene Wort. Das wirkt bedrohlich – zumindest auf bestehende Systeme. Bestimmte Tendenzen, die kriminell sind und die Grund- und Menschenrechte angreifen, müssen selbstverständlich als solche benannt und strafrechtlich verfolgt werden. Dem würden sicherlich weder Thomas Assheuer noch die Piratenpartei widersprechen. Dennoch sollte die Debatte über das Urheberrecht, um die es bei Assheuer eigentlich geht, **nicht in Hysterie verfallen**. Um das wirkliche Maß der Bedrohung auszuloten, wenn sie denn von den Piraten ausgeht, könnte man sich beispielsweise das Wahlergebnis der Piratenpartei anschauen. Sie hat es mit ihrer Netz- und Antipolitik bis in die Landtage geschafft, von einer bedrohlichen Mehrheit kann jedoch nicht die Rede sein. Der Großteil der Menschen hält die von den Piraten aufgeworfenen Themen also für weniger relevant. Andererseits darf natürlich nicht vergessen werden, dass Kultur- und Medienkritiker davor warnen, dass die technische Entwicklung zur Ausbildung einer neuen Elite führt. Die Piratenpartei scheint mir jedoch nicht Vertretung dieser Elite zu sein.

These

Pro

Kontra

Pro, Bezug auf Wissen über die Veränderungen durch das Internet

Kontra

Zu 1 c: Assheuer bezieht sich im vierten Abschnitt seines Artikels (Z. 72–89) auf den Standpunkt von Elena Esposito, welche eine **Rückentwicklung des „starke[n] Subjekt[s] der Moderne“** (Z. 74 f.) **ins Mittelalter befürchtet**.

These

Sie bezieht sich dabei auf die Technik des Kopierens und Annotierens, welche in mittelalterlichen Klöstern gepflegt wurde. Diese war allerdings dem Umstand geschuldet, dass es schlichtweg keine andere Möglichkeit gab, überlieferte Werke zu vervielfältigen und für die Nachwelt zu erhalten. Erst durch die Erfindung des Buchdrucks durch Johannes Gutenberg in der Mitte des 15. Jahrhunderts konnten Werke in großer Zahl produziert und auch reproduziert werden. Diese Erfindung wird als Meilenstein der Mediengeschichte bewertet und gilt als erste Medienrevolution. Seitdem sind weitere zwei Phasen der Mediengeschichte vergangen. Die zweite Phase zeichnet sich durch die Entwicklung der Massenkommunikation in der zweiten Hälfte des 19. Jahrhunderts aus, die dritte Phase (ab den 1940er-Jahren) ist durch Digitalisierung und Interaktivität geprägt. Dass die Wahrnehmung des Urhebers im Internet Ähnlichkeiten zum mittelalterlichen Menschenbild aufweist, mag im Ansatz noch nachvollziehbar sein, dass allerdings eine kulturelle Rückentwicklung zu befürchten sei, dass also drei Medienrevolutionen zugleich annulliert werden sollten, halte ich für völlig übertrieben.

Bezug auf die Phasen der Mediengeschichte

ansatzweise Zustimmung

Bewertung als Übertreibung

These

Zu 1 d: Der Vorwurf, die Piraten würden den **Unterschied zwischen digitaler und analoger Welt nicht kennen**, gehört zu den typischen Mythen über die Generation Internet, die unter den *digital immigrants* kursieren, so wie der Mythos, im Netz würden sich nur Verbrecher und Pädophile herumtreiben. Ich kann mir nicht vorstellen, dass irgendein Mensch tatsächlich vollständig diese Ebenen verwechseln kann oder ganz ohne analoges Erleben auskommt. Dem steht allein schon die Tatsache im Weg, dass jeder Mensch körperliche Bedürfnisse hat, die nicht digital befriedigt werden können (z. B. Essen, Schlafen, Verdauung). Abgesehen von diesen vegetativen Bedürfnissen gibt es natürlich Bereiche, die in die digitale Welt hinübergewechselt sind und die bei bestimmten Usern vielleicht tatsächlich nur noch virtuell stattfinden, z. B. Sozialleben und Sexualität. Solche Menschen mögen wirklich ausblenden, dass es im wirklichen Leben Kämpfe und Ungleichheit (vgl. Z. 100 f.) gibt. Die Piraten jedoch pauschal als „Nerds“ darzustellen, kann als polemisch und klischeehaft bewertet werden.

Einordnung der These als Internet-Mythos

Bewertung als polemisch und klischeehaft

Bezug zur Analyse

Zu 2: Nachdem nun vier Argumente Assheuers auf ihre Überzeugungskraft überprüft worden sind, wende ich mich der **metaphorischen Gestaltung** des Artikels zu. Dass Assheuer sich mit seinen Wortspielen zur Thematik Piraten über die Partei lustig macht, wurde bereits in der Analyse herausgearbeitet. Am Schluss des Artikels vergleicht er die chinesischen Arbeiter mit Arbeitssklaven (vgl. Z. 102 ff.). Es gelingt ihm mit dieser Metapher sehr anschaulich, die Unmenschlichkeit der Arbeitsbedingungen in Asien zu verdeutlichen: So

Darstellung und Deutung der Schlussmetapher

wie die Rudersklaven unter Todesangst dem Rhythmus der Pauke folgend eine stupide und kräftezehrende Arbeit ausführen, arbeiten die Fabrikarbeiter bis zur Erschöpfung und sind dem Arbeitsrhythmus unterworfen, der ihnen durch die Luxusbedürfnisse der Wohlhabenden und die Finanzinteressen der westlichen Konzerne aufgezwungen werden. In dieser Hinsicht empfinde ich die Metapher als ausgesprochen gelungen und aufrüttelnd.

Bewertung auf der ersten Ebene

Innerhalb Assheuers Metaphorik, die sich durch den gesamten Artikel aufbaut, würde es aber bedeuten, dass die Piraten, in der Deutung also die Piratenpartei, daran Schuld trage. Natürlich sind die Internet-User diejenigen, die dieses Ausbeutungssystem durch den Kauf von Hard- und Software und die Nutzung des Internets aufrechterhalten. Dafür, dass Megakonzerne als *global player* auftreten und ihre finanziellen Interessen über die Menschenwürde stellen, kann nicht die Piratenpartei verantwortlich gemacht werden.

Bewertung im Textzusammenhang

Zu 3: Der Artikel charakterisiert sich wesentlich durch die Verweise des Autors auf philosophische Diskurse. Er bezieht sich auf **fünf Philosophen**: namentlich auf Michel Foucault, Friedrich Nietzsche und Charles Darwin, indirekt auf Heraklit.

Bezüge des Autors auf philosophische Diskurse

Foucault wird im Zusammenhang mit dem Diktum „Tod des Autors" erwähnt. Assheuer erklärt, dass ihn die gegenwärtige Debatte an diesen v.a. literaturwissenschaftlichen Diskurs der siebziger Jahre erinnert. Ob man diesen Ansatz nun in der Gegenwart noch vertritt oder nicht – Foucault gehört zu den großen Philosophen der jüngeren Geistesgeschichte und wird von Assheuer durch die Art der Bezugnahme **zu einem Vordenker der Piratenpartei gemacht**.

Foucault

Assheuer bindet den Standpunkt der Piratenpartei ebenso an Friedrich Nietzsche an. Dieser hat unter dem Eindruck der Moderne und der neuen Erkenntnissen aus der Psychoanalyse den aufklärerischen Optimismus in Bezug auf die Souveränität und Mündigkeit des Subjekts gedämpft. Der Verfasser will damit vermutlich zeigen, dass die Piraten sich auf philosophische Denkrichtungen beziehen, die ein **pessimistisches Menschenbild** haben. Dennoch liefert er seinen Gegnern damit eine weitere **prominente Bezugsperson**.

Nietzsche

Darwins Evolutionstheorie, v.a. die These vom **Überleben des Stärkeren**, ist zwar nicht gerade anthroposophisch, dennoch gilt seine Theorie für die beste Hypothese zur Erklärung der Evolution. Wenn die Piraten damit argumentieren würden, müsste man ihnen jedenfalls keine Realitätsferne vorwerfen.

Darwin

Allein bei den explizit genannten Bezügen zeigt sich klar: Der Autor findet eine Vielzahl von **philosophischen Gedanken, welche den Ansatz der Piraten eigentlich unterstützen**, sagt aber am Schluss, die Partei sei „kuriosen

Wirkung der Bezüge

Bewertung

Medienphilosophen auf den Leim gegangen“ (Z. 95 f.). Die genannten Philosophen sind jedoch absolut anerkannt, gehören sozusagen zu den ganz Großen und prägten entscheidend das abendländische Denken. Wenn Assheuer diese als „kurios“ bezeichnet, würdigt er sie herab und liefert zugleich der Gegenseite neue Argumente und prominente Vordenker. Damit macht er seine **argumentative Beweisführung unglaubwürdig**. Oder wollte er durch die vielen gelehrten Anspielungen lediglich die gebildete Leserschaft auf seine Seite ziehen und sich damit intellektuell als Vertreter der Philosophie des Abendlandes und *digital immigrant* von den Piraten absetzen, die ihre Begeisterung für das Netz, ihre Nonkonformität und ihre Abkehr von tradierten Vorstellungen und Medien regelmäßig öffentlich zur Schau stellen? Dann sollte er besser auf die argumentative Kohärenz seiner philosophischen Bezüge achten.

abschließende Stellungnahme zum Artikel

Insgesamt ist der Artikel durch **Polemik** und **stereotype Vorwürfe** gegenüber der Generation Internet geprägt. Teile des abonnierenden Lesepublikums der gedruckten ZEIT mögen das vielleicht teilen, auf ZEIT.ONLINE wird der Artikel sicherlich auch zu empörten Reaktionen von Vertretern der angegriffenen Personengruppe geführt haben.
Aufgrund der z. T. nicht stichhaltigen Argumentation, der stereotypen Metaphorik und der ungeschickt eingesetzten Bezüge zu philosophischen Diskursen halte ich die Argumentation des Autors für nicht überzeugend, sondern denke, dass durch solche Artikel lediglich die Kluft zwischen den Generationen vergrößert wird.

persönliche Meinung

Abschließend **möchte ich selbst** auch zur Bedeutung des Urheberrechts **Stellung nehmen**. Auch wenn ich durch den Artikel von Thomas Assheuer nicht überzeugt werden konnte, bin ich der Meinung, dass die Rechte des Einzelnen an seinem gedanklichen Eigentum weiterhin geschützt werden müssen. Ich habe es selbst einmal als sehr unangenehm empfunden, als ich eine von mir hochgeladene Hausaufgabe, in der ich deutlich als Autorin genannt wurde, kurz darauf wörtlich übernommen auf einer anderen Seite wiederfand, ohne dass ein Hinweis auf mich darin vorkam. Ich habe mich bestohlen gefühlt und gleichzeitig kam bei mir der Gedanke auf, dass ich mich vielleicht nicht so anstellen sollte. Die Auseinandersetzung mit diesem Thema hat mich nun jedoch darin bestärkt, mich für das Urheberrecht einzusetzen und mir geistigen Diebstahl nicht gefallen zu lassen.

Aufgabenstellung

1. Analysieren Sie, wie die Autorin ihre Position argumentativ entwickelt. Berücksichtigen Sie dabei auch die sprachliche Gestaltung. (40 %)
2. Schreiben Sie einen Kommentar für eine Tageszeitung, in dem Sie sich ausgehend von Kathrin Passigs Position mit der Frage auseinandersetzen, ob der Medienwandel das Ende der Lesekultur mit sich bringt.
   Ihr Kommentar sollte etwa 800 bis 900 Wörter umfassen. Wählen Sie eine geeignete Überschrift. (60 %)

Text

Dank E-Books lese ich mehr und kaufe weniger

VON KATHRIN PASSIG

E-Books haben ihr das eigene Leseverhalten transparent gemacht, schreibt Kathrin Passig. Das hat Folgen: Sie muss ihre Meinung über die Zukunft des Lesens revidieren.

Im Jahr 2009 las ich 30 Bücher, allesamt auf Papier. Die damals erhältlichen E-Reader wirkten so attraktiv wie Schwarzweißfernseher, und ich sehnte mich nicht nach einem weiteren herumzutragenden Gadget[1]. Im Sommer 2010 stellte Amazon die Kindle-Software gratis auch für andere Geräte zur Verfügung, Anfang Oktober kaufte ich mein erstes E-Book. Im darauffolgenden Jahr las ich 40 Bücher, im Jahr 2012 waren es 74, 2013 werden es – extrapoliert[2] aus der Lektüre der ersten vier Monate – etwas über 80 sein. Ich lese also derzeit etwa doppelt so viele Bücher wie vor dem Umstieg.

Das ist unpraktisch, weil ich im Jahr 2009, bevor das E-Book in meinem Leben aufgetaucht war, dem Bücherlesen öffentlich eine nicht sehr rosige Zukunft prophezeit hatte. Es gerate in Bedrängnis durch neue digitale Freizeitbeschäftigungen, und auch die Zeit für das Durchlesen des Internets müsse schließlich irgendwo herkommen, so argumentierte ich. Dabei ging ich von den Veränderungen in meinem eigenen Verhalten aus – zwischen 1995 und 2000 war ich internetbedingt vom Bücherjunkie zur Gelegenheitsleserin mutiert.

Nun ist eine Zunahme von 30 auf 80 Bücher überschaubar, und zweieinhalb betrachtete Jahre sind nicht sehr lang. Es könnte sich um eine zufällige

Schwankung handeln. Da ich erst ab 2009 konsequent alles Gelesene in einem digitalen Bücherregal notiert habe (zunächst bei einem inzwischen ausgestorbenen Dienst, später bei Goodreads), weiß ich nicht, ob es auch in den Vorjahren ähnliche Ausreißer nach oben gab. Auch der Reiz des Neuen mag eine Rolle spielen. Womöglich gleichen sich meine Buchlesegewohnheiten demnächst wieder denen von 2009 an. Dann werde ich auch meine Behauptungen von heute wieder korrigieren müssen. Vorläufig hänge ich aber dem Glauben an, dass es die Eigenheiten des E-Books sind, die mein Leseverhalten in unerwartete Richtungen beeinflusst haben.

Der Autor und Softwareentwickler André Spiegel berichtete 2011 unter dem Titel „Lesen im Dunkeln“ von seinen eigenen Erkenntnissen im Umgang mit dem E-Book: „Was mir nicht auffiel, als ich die Stärken des gedruckten Buchs aufzählte – obwohl es tatsächlich unbestreitbare Stärken sind – waren die Stärken des elektronischen. Ein gedrucktes Buch darf in den Sand fallen, ein E-Book lieber nicht – geschenkt. Aber ein E-Book kann man im Dunkeln lesen. Vielleicht war es um mich geschehen, als mir das klar wurde.“

Das E-Book leuchtet nicht nur im Dunkeln, es klappt auch nicht von alleine zu, man muss es also nicht mit den Zehen offenhalten, wenn man beim Essen lesen möchte. Es fügt sich viel geschmeidiger als das Papierbuch in meinen Alltag ein – was ich für nachlassendes Interesse am Konzept Buch hielt, war offenbar in erster Linie mein Unwille, den Rechner aus der Hand zu legen. Alle in der jüngeren Vergangenheit gelesenen Bücher trage ich immer mit mir herum und kann sie bei Bedarf durchsuchen.

Das Anlegen digitaler Markierungen macht nicht ganz so viel Spaß wie das Bekleben der Seiten mit bunten Leuchtmarkerstreifen, erzeugt dafür aber eine für Weiterarbeit und späteres Zitieren sehr praktische Textdatei. Und da ich gern auf dem Handy lese, kann ich auch noch die winzigsten Wartezeiten mit Lektüre ausstopfen. Genau genommen gibt es gar keine Wartezeiten mehr – ich hole jetzt eigentlich ganz gern meine Post in der Filiale ab, weil es dort zuverlässig lange Schlangen gibt, die mindestens eine Viertelstunde ungestörte Lesezeit garantieren.

Unvorhergesehen war nicht nur, dass ich wieder mehr Bücher lese als früher. Eventuell lag ich auch daneben, wenn ich in den vergangenen Jahren immer wieder die Wichtigkeit intelligenter Empfehlungsalgorithmen[3] beschwor. Zwar glaube ich nach wie vor, dass es schön wäre, wenn die Empfehlungen von Amazon oder Goodreads weniger einfältig und bestsellerorientiert daherkämen. Aber für meine eigenen Kaufentscheidungen spielen sie im Vergleich zu früher praktisch keine Rolle mehr.

Inzwischen sind auch die traditioneller gesinnten Buchleser im Zuge der allgemeinen Völkerwanderung im Netz angekommen, wo sie in Blogbeiträgen, Social-Media-Mitteilungen und Goodreads-Updates von ihrer Lektüre berichten. Anstatt diese Hinweise bis zum nächsten Einkauf wieder zu vergessen, kann ich sie sofort in Gratis-Leseproben umwandeln, die mich dauerhaft an den Vorschlag erinnern. Weil das Hineinlesen kein Geld und wenig Zeit kostet, sinken die realen und mentalen Kosten des Herumprobierens. Passgenaue Empfehlungen sind damit nicht mehr so wichtig. Es genügt, zwanzig Leseproben auf Verdacht zu durchstöbern, was an sich schon ein großes Vergnügen ist, für das ich früher ganze Tage in Buchhandlungen hätte zubringen müssen. Na gut, zugebracht habe. Ich trage Dutzende Leseproben mit mir herum, die ich alle gern weiterlesen möchte. Bessere Empfehlungsalgorithmen würden dieses Missverhältnis von Leseplänen und Lebenszeit nur weiter verschärfen.

Das klingt auf den ersten Blick nach guten Nachrichten für die Buchbranche. Auf den zweiten Blick verdient sie heute weniger an mir als selbst in meinen buchlosen Jahren. Ich kaufe nicht mehr auf Vorrat, weil sich die gefürchtete Lücke zwischen dem Ende eines Buchs und dem Beginn des nächsten jederzeit schließen lässt. Wo ich früher aus spontaner Begeisterung für ein Thema oder aus Treue zum Autor Bücher unbesehen kaufte und dann nie über das zweite Kapitel hinauskam, genügt mir heute die kostenlose Leseprobe.

Weil ich mich mithilfe der Leseprobe nur auf überdurchschnittlich verheißungsvolle Bücher einlasse, lese ich außerdem fast alles Gekaufte auch zu Ende. Das ist schön für die Autoren, aber weniger erfreulich für Verleger und Händler. Aus deren Sicht war mein früheres Kundenverhalten viel attraktiver: Wer viel kauft und nicht zu Ende liest, kommt schneller zurück, um mehr zu kaufen.

Mein Kauf- und Leseverhalten ist nicht nur für Amazon, sondern auch für mich transparent geworden, und diese Transparenz hat Folgen. Ich weiß jetzt, dass ich geschenkte Bücher so gut wie nie lese – ebenso wenig wie sämtliche E-Books, die ich nur heruntergeladen habe, weil sie kostenlos waren. Weil ich andere Menschen verdächtige, es genauso zu halten, verschenke ich weniger Bücher als früher. Ich bin dazu übergegangen, wie bei Filmen oder anderen Unterhaltungsformen nur noch von der Lektüre zu berichten und den Rest den Empfängern selbst zu überlassen. Der Buchhinweis scheint mir – jedenfalls unter Menschen mit eigenem Taschengeld – der eigentliche Freundschaftsdienst; der verschenkte Gegenstand dient vorwiegend dazu, dem

Schenkenden ein gutes Gefühl und dem Beschenkten ein schlechtes Gewissen angesichts des ungelesen verstaubenden Buchs zu verursachen.

Soweit der Stand im Jahr 2013. In welche Richtung sich das Leben durch neue Technologien verändert, ist nur begrenzt vorhersagbar, auch wenn es das eigene Leben ist. Es hilft aber, wenigstens die aktuellen Praktiken hin und wieder zu dokumentieren. Falls ich in Zukunft zu einer Person werden sollte, die ihre gesamte Freizeit mit geschenkten Büchern oder mit Unterhaltungsformen verbringt, die im Dunkeln gar nicht leuchten, dann werde ich immerhin nicht dem Glauben anhängen können, das sei schon immer so gewesen.

http://www.zeit.de/digital/internet/2013-05/ebook-reader-leseverhalten-passig (06. 05. 2013)

Zur Autorin:
Die Journalistin und Schriftstellerin Kathrin Passig (geb. 1970) ist eine der prominentesten Netzaktivistinnen, die sich regelmäßig in aktuellen Mediendebatten zu Wort meldet.

Anmerkungen:
1 Gadget: kleiner, technischer Gegenstand, auch im Sinne von: Spielerei, Schnickschnack
2 extrapolieren: aus bekannten Werten unter der Voraussetzung hochrechnen, dass der weitere Vorgang gleich bleibt
3 Computerbasierte Berechnungsverfahren zur Ableitung und Vorhersage des Kaufinteresses eines Kunden aufgrund des Kaufverhaltens anderer Kunden.

Im Folgenden wird nur eine Schritt-für-Schritt-Erarbeitung zu Teilaufgabe 2 (adressatenbezogenes Schreiben) vorgeführt. Exemplarische Lösungswege zum Verfassen einer Textanalyse (Teilaufgabe 1) finden Sie in diesem Buch bei den Übungsaufgaben 1, 4 und 7.

Teilaufgabe 2

Schreiben Sie einen Kommentar für eine Tageszeitung, in dem Sie sich ausgehend von Kathrin Passigs Position mit der Frage auseinandersetzen, ob der Medienwandel das Ende der Lesekultur mit sich bringt. Wählen Sie eine geeignete Überschrift.

Klärung des zu kommentierenden Themas — **1. Schritt**

Klären Sie zuerst, was man von Ihnen verlangt:

- Auf welchem Aspekt soll der inhaltliche Schwerpunkt liegen?
- Geht es um eine Kommentierung des Artikels selbst?
- Geht es eher um ein Thema, zu welchem ich im Text Argumente finde, das aber im Text nicht im Mittelpunkt steht?
- Muss ich viel Wissen mit einbringen, das außerhalb des Textes liegt?
- Habe ich zu der Frage auf Anhieb einen eigenen Standpunkt? Wie verhält sich dieser zur Position der Autorin?

Klären Sie das Thema (wie bei einer Erörterung):

- Was genau ist die Pro-, was die Kontraposition?
- Welche Folgen bringt es mit sich, die eine oder die andere Position zu vertreten, d. h., was sage ich damit über die Zukunft aus?

Überlegen Sie, welche weiteren Aspekte des Themas in der Erörterung eine Rolle spielen:

- Lassen sich Bezüge zu im Unterricht besprochenen Standpunkten herstellen?
- Wie verhält sich die Position der Autorin zu diesen Standpunkten?
- In welchem Verhältnis steht Ihre Meinung zu diesen Standpunkten?
- Was genau ist mit „Medienwandel“ gemeint? Was heißt „das Ende des Buches“, was „das Ende der Lesekultur“?
- Welche eigenen Erfahrungen mit dem Lesen haben Sie? Welche Rolle spielt das Medium Buch für Sie?

Notieren Sie Ihre Überlegungen am besten in einer Mindmap, die das Thema bereits strukturiert.

2. Schritt **Formulierung und Gliederung der Argumente**

- Ihre gesammelten Gedanken sind die Grundlage für die Argumentation, die Sie führen sollen.
- Formulieren Sie stichhaltige Argumente, die Ihre eigene Position untermauern.
- Finden Sie für diese Argumente und für mögliche Gegenargumente Bezüge im Text oder Bezüge zu anderen im Unterricht gelesenen Texten. Im Kommentar müssen Sie diese Bezüge *nicht* am Text belegen.
- Ordnen Sie Ihre Argumentationsschritte. Dabei können Sie (wie in einer Erörterung) mit dem schwächsten Argument beginnen und mit dem stärksten enden. Sie können die Argumente für die Gegenseite und für Ihre eigene Position bündeln (wie im Sanduhrprinzip), sie können sie einander aber auch jeweils gegenüberstellen (wie im Reißverschlussprinzip). In einem Kommentar bietet es sich auch an, die Argumente nach anderen Kriterien anzuordnen, z. B. hinsichtlich ihrer emotionalen Wirkung oder ihrer Unterhaltsamkeit. Sogar ein ironischer oder polemischer Argumentationsgang wäre textsortengerecht.

3. Schritt **Vorbereitung von Einleitung und Schluss**

Finden Sie einen gelungenen **Einstieg in den Kommentar**. In der Einleitung könnte sich Ihre eigene Meinung bereits klar abzeichnen, sie könnten aber auch zunächst die Gegenposition darstellen, um diese im Folgenden zu demontieren. Möglich wäre auch einer der folgenden Schritte:

a Beziehen Sie sich auf eine zentrale Aussage aus dem Text, die Ihre Meinung klar widerspiegelt.

b Zitieren Sie eine Textstelle, die zu Ihrer Meinung in krassem Gegensatz steht, und stellen Sie diese infrage.

c Beziehen Sie sich auf eine in den Medien aktuell geführte Debatte, indem Sie z. B. einen Politiker/eine Politikerin oder eine verbreitete Meinung zitieren.

Stellen Sie einen deutlichen **Bezug zum Artikel** her, indem Sie die **Position der Autorin** noch einmal stark gebündelt wiedergeben. Dazu können Sie den Text auch zitieren.

Planen Sie auch den **Schluss des Kommentars**. Denkbar wäre hier:

a ein ironischer Abschluss,

b eine rhetorische Frage,

c die klare Äußerung der eigenen Position,

d ein Kompromissvorschlag oder

e ein Zitat, z. B. eines anderen Autors, zu dem Thema,

f ein Appell an den Leser.

Erste Ausformulierung des Kommentars — **4. Schritt**

Verfassen Sie aufgrund Ihrer Aufzeichnungen einen ersten Entwurf für Ihren Kommentar.

Überarbeitung — **5. Schritt**

Zählen Sie zunächst die Wörter Ihres ersten Entwurfs. Da Sie im Abitur nicht auf die praktische Wortzählfunktion eines Textverarbeitungsprogramms zurückgreifen können, sollten Sie die Wörter von zehn Zeilen zählen und durch zehn dividieren. Sie haben damit Ihre durchschnittliche Wörterzahl pro Zeile. Diese multiplizieren Sie mit der Zahl der geschriebenen Zeilen. Sie werden im Abitur auf genormtem Papier schreiben, auf dem oft auch Zeilenangaben vermerkt sind. Wenn Sie Ihre Argumentation intensiv vorbereitet haben und Bezüge zu anderen im Unterricht gelesenen Texten aufgezeigt haben, werden Sie sicherlich feststellen, dass die Zahl Ihrer Wörter weit über 800 liegt.

Es gilt also, **sinnvoll** zu **kürzen** und den **Inhalt** zu **kondensieren**. Versuchen Sie, das, was Sie sagen wollen, möglichst präzise auszudrücken, vermeiden Sie Wiederholungen oder zu ausschweifende Erklärungen. Allzu persönliche Bezüge sind in einem Kommentar unangebracht. Bedenken Sie, dass der Kommentar eine Kamerafunktion haben (siehe Einleitung) und knapp genug gehalten werden sollte, damit das Interesse der Leser nicht erlischt.

Berücksichtigen Sie in der Gestaltung des Stils und Ausdrucks auch die Zielgruppe Ihres Kommentars! Für welche Art von Zeitung schreiben Sie? An wen richtet sich diese?

Kürzen und überarbeiten Sie Ihren Text hinsichtlich folgender Kriterien:

- Verdichtung
- Vermeidung von Redundanz
- Kürzung zu langer Erklärungen, ggf. Kürzung ganzer Argumente
- Adressatenorientierung
- stilistische Überarbeitung
- Fehlerkorrektur

Ergänzen einer Überschrift — **6. Schritt**

Geben Sie ihrem Kommentar einen **geeigneten Titel**. Dieser sollte v.a. das Leseinteresse wecken.

Lösungen

Teilaufgabe 2

1. Schritt **Klärung des zu kommentierenden Themas**

Der **inhaltliche Schwerpunkt** liegt auf der Fragestellung, ob der Medienwandel das Ende der Lesekultur mit sich bringt. Abhängig davon, wie Sie diese Frage beantworten, werden Ihre Schlussfolgerungen ausfallen:

- **Ja:** Man ist der Meinung, dass durch die neuen Medien das Lesen an sich zugrunde geht. Dies müsste als Konsequenz eine Einschränkung des Einflusses digitaler Medien bedeuten, da man dem Lesen eine wichtige kulturelle Bedeutung zuschreibt.
- **Nein:** Man glaubt, dass der Wandel der Medien keinen negativen Einfluss auf das Leseverhalten der Menschen hat, sondern dass der Mensch weiterhin lesen wird – wenn vielleicht auch nicht mehr ausschließlich gedruckte Medien.

Passigs Artikel bietet einen zentralen **Anknüpfungspunkt**, weil sie zwar das Ende des Buches und den Medienwandel thematisiert, aber zugleich von einer positiven Entwicklung ihrer persönlichen Lesebiografie berichtet. Die Fragestellung für den Kommentar geht somit über den Artikel hinaus, weil es allgemein um die Bedrohung der Lesekultur durch die neuen Medien geht. Passig schildert in ihrem Artikel lediglich ihre eigenen Gewohnheiten. In Ihrer Ausarbeitung sollten sowohl solche Positionen mit aufgeführt werden, welche die Befürchtungen der Medienkritiker hinsichtlich des Endes der Lesekultur referieren, als auch jene, die eher medienoptimistisch argumentieren bzw. aufzeigen, dass die Argumentationsweise der Medienkritiker oftmals pauschal und stereotyp erfolgt. Passig positioniert sich in diesem Artikel nicht innerhalb eines bestimmten Diskurses, sondern bleibt in der Darstellung und Erläuterung ihres persönlichen Medienverhaltens.

2. Schritt **Formulierung und Gliederung der Argumente**

Möglicher eigener Standpunkt: Sie könnten hinsichtlich der Frage, ob der Medienwandel auf lange Sicht das Buch verdrängen wird, zustimmen, die Frage, ob dies das Ende der Lesekultur bedeute, jedoch verneinen.

Einbezug des Artikels

Passigs Darstellung unterstreicht den Aspekt, dass der Mensch sich nach Geschichten sehnt, weil sie sich geradezu als lesesüchtig darstellt. Kritisch könnte man anmerken, dass sich Passig in ihrer Darstellung nur um sich selbst dreht. Ihre Lesebiografie ist nicht repräsentativ, weil sie eine Germanistin und

Journalistin ist. Wie sieht es mit anderen Bevölkerungsschichten aus? Steht nicht trotzdem zu befürchten, dass digitale Medien die Neugier aufs Lesen überlagern, dass der Konsum von Bildern die Rezeption von Worten ganz verdrängen wird? Dass eine Germanistin und Journalistin bedacht mit dem eigenen Medienkonsum umgeht und neue Medien selbstverständlich als Bereicherung nutzt, bedeutet noch lange nicht, dass digitale Medien allen Menschen zu intellektuellem Wachstum gereichen.

These der Pro-Seite:
Der Medienwandel bedeutet das Ende der Lesekultur.

Argumente:
- Der Begriff „Lesekultur" ist eng mit dem Medium des Buches verbunden.
- Die Kulturgeschichte wird seit der Erfindung des Buchdrucks im Wesentlichen durch Bücher bestimmt.
- Das Buch ist im Prinzip das Symbol für Kultur. Der Medienwandel und die Abkehr vom Buch beinhalten damit automatisch den Verlust der Lesekultur.
- Das Konzept „Lesekultur" umfasst nicht allein die Tatsache, dass Menschen irgendetwas lesen.
- Das Lesen von Büchern ist ein Vorgang, der alle Sinne anspricht.
- Die Anstrengungsbereitschaft vieler Menschen ist begrenzt. Die Nachfrage der Leser nach E-Books regelt das Angebot. Unbequeme und anspruchsvolle Literatur könnte in Zukunft nicht mehr gedruckt werden.
- Die Nutzung neuer Medien verdrängt das Lesen aus zeitlichen und organisatorischen Gründen. Dabei liegt die Gefahr auch nicht nur im Austausch analoger gegen digitale Medien, sondern im Ersetzen des Lesens durch andere Zeitfüller. Wenn gar nicht mehr die Gelegenheit zum Lesen besteht, wird die Leselust automatisch abnehmen.
- Die Lesekompetenz v.a. der unteren Bevölkerungsschichten wird nicht ausgebildet.

These der Kontra-Seite:
Der Medienwandel verdrängt möglicherweise das Buch, bedeutet aber nicht, dass dem Menschen die Lesekultur verloren geht.

Argumente:
- Neue Medien haben mehr Aufforderungscharakter.
- Die Verkaufszahlen von E-Books sind in den letzten Jahren extrem angestiegen.
- Die Zahl in der Öffentlichkeit lesender Menschen ist gestiegen.

- Die Veränderung ist zunächst rein medial, nicht jedoch automatisch quantitativ. Auch die neuen Textsorten wie SMS oder Twitter-Nachricht bedingen durch ihre Zeichenbeschränkung nicht automatisch eine intellektuelle Grenze (Bsp.: Twitter-Aphorismen des Philosophen Eric Jarosinski von #NeinQuarterly).
- Der Begriff der Kultur wird von den Technikskeptikern als Gegenkonzept zur Konsumorientierung aufgebaut, damit das Buch automatisch als schützenswert und schutzbedürftig erscheint. Dies offenbart einen reflexhaften Abwehrmechanismus und ist Zeichen für die Angst vor Veränderungen.
- Dem Buch wohnen viele Vorteile gegenüber digitalen Medien inne, welche durch diese nicht ersetzt werden können.
- Dem Mensch ist die Sehnsucht nach Geschichten eigen.
- Das identifikatorische Lesen hat im Laufe der Zeit eher zugenommen.
- Es ist unwahrscheinlich, dass eine Technik, die über Jahrhunderte maßgeblich die menschliche Kultur bestimmt hat, ganz zugrunde geht. Das Lesen ist unauslöschlich mit der menschlichen Kultur verbunden.
- Die Medien wandeln sich, der Mensch an sich jedoch nicht.

3. Schritt **Einstieg in den Kommentar**

Das Kopfkino ist ein wenig unappetitlich: Da sitzt eine Mittvierzigerin am Tisch und hält ein Buch, dessen Zeilen sie gierig mit den Augen verschlingt, mit den Zehen fest, weil sie die Hände zum Essen benötigt. Wie kann dieses Dilemma gelöst werden? Wohl nur durch die Transplantation von zusätzlichen Armen, was der Dame etwas Octopedales gäbe und wohl zu Schwierigkeiten bei Bekleidungsfragen führte – oder durch ein E-Book! Kathrin Passig revidiert in ihrem ZEIT-Artikel „Dank E-Books lese ich mehr und kaufe weniger“ ihre 2009 geäußerte Prognose über das baldige Ende des Lesens und verdeutlicht an sehr konkreten Szenen aus ihrem eigenen Alltag (siehe obige Zehengymnastik), dass das E-Book genau der Stoff ist, den eine Lesesüchtige braucht.
Noch eine Frage drängt sich auf: Handelt es sich bei der Passig'schen Lesesucht um Lesekultur? Das Bild vom Festhalten des Buches mit den Zehen legt das nicht nahe …

Schluss des Kommentars

Es kann eigentlich nicht um eine Entscheidungsfrage zwischen Büchern und digitalen Medien gehen, da beide nebeneinander existieren und genutzt werden können, so wie es die Situation gerade erfordert. Beide gegeneinander auszuspielen, ist ein Zeichen von Unsicherheit und Existenzängsten von

Menschen, die ihre Persönlichkeit zu stark mit den sie umgebenden Medien identifizieren. Warum sollte man Bücher nicht analog und digital lesen können? Es liegt aber in der Verantwortung aller Eltern, Erzieher und Lehrer, das Lesen selbst als bereichernde Beschäftigung vorzuleben, die Lesekompetenz von Kindern aufzubauen und Leseinteresse zu wecken, damit sie ihren Hunger nach Geschichten nicht nur mit Filmen und Online-Spielen stillen, sondern auch mit Literatur.

Erste Ausformulierung des Kommentars **4. Schritt**

Individuelle Lösungen

Überarbeitung **5. Schritt**

Individuelle Lösungen

Ergänzen einer Überschrift **6. Schritt**

Mögliche Überschriften:

- Der große Zeh im Buch. Bringt der Medienwandel das Ende der Lesekultur?
- Kathrin Passig liest. Wie schön
- Dank Kathrin Passig hoffe ich mehr und lamentiere weniger
- Homo legiens. Warum uns das E-Book nicht ängstigen muss

Musterlösung

Teilaufgabe 1

Einleitung: Titel, Autor, Quelle, Thema

In dem am 06. 05. 2013 in der Wochenzeitung DIE ZEIT erschienenen und online verfügbaren Artikel „Dank E-Books lese ich mehr und kaufe weniger“ stellt die Autorin Kathrin Passig eine Dokumentation ihres persönlichen Leseverhaltens vor, deren Ergebnis im Titel selbst zusammengefasst wird. Der Artikel stellt zugleich einen Widerruf ihrer im Jahr 2009 geäußerten Prognose dar, in der sie dem Lesen keine Zukunft mehr vorhersagte.

Position der Autorin

Passig kommt aufgrund ihrer Selbstbeobachtung zu dem **Ergebnis**, dass sie persönlich durch den Umstieg auf das E-Book nicht nur mehr Bücher lese, sondern die Lesezeit auch effektiver nutzen könne, da sie keine Fehlkäufe mehr tätige und sich nicht mehr gezwungen sehe, geschenkte Bücher aus einem schlechten Gewissen heraus zu lesen. Das im **Titel** dargelegte Fazit „Dank E-Books lese ich mehr und kaufe weniger“ beschreibt also nicht nur eine quantitative (Lektüre von mehr Büchern insgesamt, Einsparung von

Titel

Geld, effizientere Nutzung der Lebenszeit), sondern auch eine qualitative Verbesserung (Kauf und Lektüre von besseren Büchern, Aufwertung von Wartezeit als Lesezeit) ihres Alltags.

Gliederung

Der Artikel kann **in vier Sinnabschnitte gegliedert** werden.

abschnittweise Darstellung des Argumentationsganges

Im **ersten Teil** (**Z. 1–27**) stellt die Autorin zunächst chronologisch dar, wie viele Bücher sie in den Jahren 2009 bis 2013 gelesen hat. Sie kommt zu dem Ergebnis, dass sich seit ihrem Umstieg auf das E-Book die Anzahl ihrer Lektüren etwa verdoppelt hat. Diese Erkenntnis bezeichnet sie als unpraktisch, weil sie dadurch gezwungen werde, ihre 2009 publizierte schlechte Prophezeiung für die Zukunft des Bücherlesens öffentlich zu widerrufen. Sowohl ihre Darstellung von 2009 als auch ihr Widerruf von 2013 beziehen sich auf die Beobachtung des eigenen Leseverhaltens. Passig räumt deshalb ein, dass auch ihre neue Position nur vorläufig sein könne.

Im **zweiten Teil** (**Z. 28–70**) stellt Passig die Eigenheiten des E-Books dar, was einer Aufzählung von dessen Vorteilen gleichkommt: Man könne es im Dunkeln lesen, es klappe nicht von allein zu, viele Bücher könnten damit immer herumgetragen und bei Bedarf durchsucht werden, digitale Markierungen könnten für die spätere Weiterarbeit unmittelbarer genutzt werden, Wartezeiten würden nicht mehr als solche, sondern als willkommene Zeit fürs Lesen wahrgenommen werden. Durch den Austausch mit anderen Lesern im Internet könnten Empfehlungen sofort in Gratis-Leseproben umgewandelt werden, sodass man anhand des eigenen Lesens selbst mitbestimmen könnte, welche Bücher man tatsächlich kaufen wolle und welche nicht. Zudem sei man nicht mehr auf die mangelhaften Empfehlungsalgorithmen von Amazon etc. angewiesen.

Passig geht im **dritten Abschnitt** (**Z. 71–96**) auf die Folgen ihres Leseverhaltens für das Verlagswesen ein. Da sie sich durch die Leseproben sehr viel intensiver mit einem Buch beschäftige, bevor sie es wirklich kaufe, lese sie es dann auch meistens zu Ende und tätige keine Fehlkäufe mehr. Somit sei ihr Verhalten in kommerzieller Hinsicht ungünstig für die Verlage. Sie habe durch die Dokumentation und Untersuchung ihres persönlichen Leseverhaltens zudem erkannt, dass sie geschenkte Bücher aus Prinzip fast nie lese. Diese Erkenntnis habe sie zu einer Veränderung ihres eigenen Schenkverhaltens gebracht.

Am **Schluss des Artikels** (**Z. 97–103**) räumt Passig ein, dass Prognosen gerade in Bezug auf biografische Veränderungen durch neue Technologien nur unter Vorbehalt geäußert werden können. Als zentrales Ergebnis ihrer aktuellen Bestandsaufnahme hält sie fest, dass diese ihr selbst zu einem differenzierten Blick auf ihr eigenes Medienverhalten verhilft. Es wird deutlich, dass sie ihren Widerruf nicht als unangenehm, sondern als aufschlussreich empfindet. Sie empfiehlt ihren Lesern damit, das eigene Verhalten schon aus dem Grund zu dokumentieren, dass man im Nachhinein nicht behaupten könne, man habe immer schon die aktuelle Position vertreten.

sprachlich-stilistische Gestaltung

Passigs Kolumne weist durch ihren **lakonischen Ton**, die zahlreichen **ironischen Formulierungen** und den **stark persönlichen Bezug** einen **hohen Unterhaltungswert** auf. Passig stellt sich selbst von Anfang an als eingefleischte Leserin dar – die Anzahl von 30 Büchern als Ergebnis eines schlechten Lesejahrs dürften die meisten Leser auch in guten Lesejahren nur schwer erreichen. Mit der **Selbstoffenbarung als exzessive Leserin** erzeugt Passig einen starken persönlichen Bezug. Zugleich wird der Bekenntnischarakter **ironisch überspitzt**, indem sie ihre Leselust als Suchtverhalten beschreibt: Sie bezeichnet sich selbst als „Bücherjunkie" (Z. 15), bekennt, dass sie ihre Bücher dank E-Book nun endlich immer mit sich herumtragen kann (vgl. Z. 40 f.), nutzt jede Gelegenheit zum Lesen, auch wenn sie dazu per se nicht unbedingt geeignet ist, z. B. Essen und Anstehen bei der Post (vgl. Z. 36 f., 47 ff.), sie gibt zu, „ganze Tage in Buchhandlungen" zugebracht zu haben (Z. 66 f.), nun „Dutzende Leseproben" mit sich herumzutragen (Z. 67) und früher sehr schnell zum Buchhändler zurückgekehrt zu sein, „um mehr zu kaufen" (Z. 83 f.). Außerdem beschreibt sie die Furcht vor der „Lücke zwischen dem Ende eines Buchs und dem Beginn des nächsten" (Z. 73 f.), die dank E-Book nun nicht mehr entstehen könnte. Sie stellt ihr mediales Verhalten insgesamt als sehr exzessiv dar, so spricht sie von ihrem „Unwille[n], den Rechner aus der Hand zu legen" (Z. 39). Passig offenbart sich ironisch als Abhängige, deren Sucht das E-Book noch besser bedienen kann, weil es – um im Bild zu bleiben – immer genügend Stoff zur Verfügung stellt und Entzugserscheinungen gar nicht erst aufkommen lässt. Passig selbst spielt die Metaphorik aber nicht so weit aus, sondern bleibt auf einer andeutenden Ebene, mit der sie den Leser zugleich ins Vertrauen zieht und ihn durch ihren selbstironischen Ton amüsiert. Zudem weist sie sich damit selbst als ausgesprochene Leseexpertin aus.

Selbstoffenbarung

ironische Überspitzung

Textbelege

Deutung

Wirkung

Passigs **Ironie** wird auch an anderen Textstellen deutlich: So habe sie die ersten E-Reader als „so attraktiv wie Schwarzweißfernseher" empfunden (Z. 2); sie schildert sehr witzig, wie man beim Essen lesen kann (Z. 36 f.), übt indirekt Kritik am Service der Post (Z. 47 ff.) und reflektiert die Ankunft der „traditioneller gesinnten Buchleser" im Internet als Folge der „allgemeinen Völkerwanderung" (Z. 57 f.), wobei die Ironie hier v. a. im Widerspruch zwischen der Schnelligkeit des Internets und der Dauer einer Völkerwanderung liegt. Auch die lakonische Feststellung „Das ist unpraktisch" (Z. 9), mit der sie ihre Fehlprognose offenbart, zeugt von trockenem Humor und Selbstironie. Im

Ironie

Textbelege

letzten Satz des Artikels greift Passig sowohl das Thema der ungewollt geschenkten Bücher als auch das Motiv der Medien, die im Dunkeln leuchten, noch einmal auf (Z. 100 ff., siehe Z. 33 f.) und nimmt selbstironisch auf die Vorläufigkeit jeder Meinung über die Medien Bezug.

Fachjargon vs. Umgangssprache

Textbelege für Fachsprache

Wirkung

Neben der Ironie fällt sprachlich v. a. die **Mischung aus Fachjargon und Umgangssprache** auf. Mit den **fachsprachlichen Einwürfen**, z. B. „Gadget" (Z. 3), „Kindle-Software" (Z. 4), „Goodreads" (Z. 21) und „Empfehlungsalgorithmen" (Z. 52), beweist Passig, dass sie neben ihrer Lesesucht die notwendige Expertise für das Thema aufweist. In diesen Zusammenhang kann man auch die Bezugnahme auf das Zitat von André Spiegel (Z. 28–34) stellen, der als „Autor und Softwareentwickler" (Z. 28) – ebenso wie Passig selbst – wie ein Doppelagent sowohl in der Welt des Lesens und der Verlagskultur als auch in den neuen Medien zu Hause sein muss. Das Zitat fungiert so als Autoritätsargument.

Textbelege für Umgangssprache

Der Fachsprache stehen der oben beschriebene ironische Ton, aber auch **umgangssprachliche und saloppe Formulierungen** gegenüber, welche die Kolumne gut lesbar machen und amüsant wirken. Passig spricht zum Beispiel von einer „internetbedingt[en]" Mutation „vom Bücherjunkie zur Gelegenheitsleserin" (Z. 15), vom „[Ausstopfen] von Wartezeiten mit Lektüre" (Z. 45 f.) und sie schreibt, sie habe bei einer Äußerung eventuell danebengelegen (vgl. Z. 51).

Bedeutung des Artikels

Nicht zuletzt dürfte das **Interesse der Leserschaft** an dem Artikel auch deswegen hoch sein, da sich hier eine namhafte Verfechterin der neuen Medien hinsichtlich der Zukunft des Lesens als Bekehrte, überhaupt als Leserin darstellt. Damit erschüttert sie die klischeehaften Zuweisungen an die sogenannten „digital natives"; zu gerne hätte man Passig wohl als deren Anwältin gesehen.

Teilaufgabe 2

HOMO LEGIENS
MUSS UNS DAS E-BOOK ÄNGSTIGEN?

Einleitung: ironische Bezugnahme auf den Artikel

Eine Frau sitzt am Tisch und hält ein Buch mit den Zehen fest, weil sie die Hände zum Essen benötigt. Wie löst man dieses unappetitliche Dilemma? Wohl nur durch die Implantation zusätzlicher Arme oder, natürlich! – durch ein E-Book. Kathrin Passig revidiert in ihrem ZEIT-Artikel „Dank E-Books lese ich mehr und kaufe weniger" vom 06. 05. 2013 ihre frühere Prognose über das Ende des Lesens und verdeutlicht an manchmal allzu konkreten Szenen aus ihrem Alltag, dass das E-Book genau der Stoff ist, den eine Lesesüchtige braucht.

Einbindung des Artikels in das Thema

Liest man Passigs Selbstbeobachtungsstudie, werden scheinbar alle Befürchtungen zerstreut, von denen die Feuilletons seit dem Vormarsch des E-Books rascheln. Das Ende des Buches mag bevorstehen – Passigs Lesesucht prosperiert. Dabei bezieht sie alle Äußerungen über die Vorteile des E-Books und die Entwicklung des Lesens auf einen Fixpunkt: sich selbst. Das liest sich flott und amüsant, vertuscht aber, dass nicht alle Leser Germanisten sind und eine vergleichbare Lesebiografie vorweisen können. Trotz aller Vorteile steht zu befürchten, dass digitale Medien die Neugier aufs Lesen überlagern und der Konsum von Bildern die Rezeption von Worten verdrängen wird. Digitale Medien bewirken nicht automatisch ein intellektuelles Wachstum bei allen Menschen. Sie machen die Klugen klüger und die Dummen dümmer. Nur wer medien- und lesekompetent ist, kann von digitalen Medien sinnvoll profitieren.

Kritik am Artikel

zu diskutierende Frage

Steht nun für alle Nicht-Germanisten zu befürchten, dass der Medienwandel das Ende der Lesekultur bedeutet?

Pro-Argumentation
1. Argument

Was wir heute unter „Lesekultur" verstehen, ist eng mit dem Medium des Buches verbunden. Auch wenn schon vor der Erfindung des Buchdrucks gelesen wurde, hat diese bewirkt, dass Wissen und Literatur allen Bevölkerungsschichten zugänglich wurde, das Bürgertum sich als gesellschaftliche Schicht etablierte und das Lesen zur gesellschaftlichen Grundfertigkeit wurde. Das **Buch** ist im Prinzip das **Symbol für Kultur**, somit steht mit der Abkehr vom Buch der Verlust der Lesekultur zu befürchten.

2. Argument

Es geht dabei nicht darum, dass Menschen irgendetwas lesen. Der Mensch liest automatisch alles, was man ihm vorlegt, wenn er die Zeichen dekodieren kann. Er kann nicht nicht lesen. Mit dem Begriff „**Lesekultur**" aber ist das sogenannte „gute Buch" eng verbunden. Man konnotiert einen **sinnlichen Vorgang**, Muße, Ruhe und den Impetus, sich geistig zu stärken.

3. Argument Die Anstrengungsbereitschaft vieler Menschen ist begrenzt, sie konsumieren nur, was man ihnen anbietet. Andererseits bestimmt die Nachfrage der Leser das Angebot an E-Books. In einer Zukunft, in der die E-Books den Buchmarkt beherrschen, könnte das bedeuten, dass **unbequeme und anspruchsvolle Literatur nicht mehr den Weg zum Leser findet**.

4. Argument Die **Nutzung neuer Medien verdrängt das Bücherlesen** auch aus organisatorischen Gründen, weil sie genau dann stattfindet, wenn bislang gelesen wurde: unterwegs, auf dem Sofa, vor dem Schlafengehen. Wenn keine Gelegenheit mehr zum Lesen besteht, wird die Leselust abnehmen. Die Lesekompetenz v. a. der unteren Bevölkerungsschichten würde nachlassen, sodass für sie keine Möglichkeit zu kultureller Teilhabe und beruflichem Aufstieg bestände.

Kontra-Argumentation Dass der Wandel der Medien keinen negativen Einfluss auf das Leseverhalten der Menschen hat, sondern dass der Mensch weiterhin lesen wird, wenn vielleicht aber nicht mehr ausschließlich gedruckte Medien, ist eine Haltung, die Medienoptimisten wie Passig vertreten.

1. Argument Neue Medien besitzen unbestritten eine **große Attraktivität**, weil sie **visuell** funktionieren, was schon auf Kinder sehr faszinierend wirkt. Sie bedienen den Spieltrieb – wenn er irgendwo auf Knöpfe drücken kann und wenn irgendwo etwas blinkt, kann sich der Mensch kaum entziehen. Was man medial erlebt, sind aber – neben Informationen mit Bezügen zur realen Welt – fiktionale Welten, sei es in Spielen oder in fiktionalen Textsorten.

2. Argument Beleg für die ungebrochene Leselust sind auch die trotz des Rückgangs auf dem klassischen Buchmarkt extrem **steigenden Verkaufszahlen von E-Books**, die inhaltlich ihrer Druckvariante entsprechen, aber zusätzlich viele Vorteile, wie z. B. das Leuchten im Dunkeln, bieten.

3. Argument Die **Zahl in der Öffentlichkeit lesender Menschen** ist erheblich gestiegen – das Lesen ist omnipräsent, sei es im Café oder in der Schlange bei der Post, wie es Kathrin Passig beschreibt. Die Veränderung ist zunächst rein technisch, nicht jedoch automatisch qualitativ. Welchen Roman das Gegenüber in der Bahn liest, konnte man bisher am Buchrücken ablesen, die Rückansicht eines E-Books ist immer gleich, unabhängig davon, wie anspruchsvoll die Lektüre ist. Und die neuen Textsorten, wie SMS oder Twitter-Nachricht, bedingen durch ihre Zeichenbeschränkung nicht per se eine intellektuelle Grenze, wie die Twitter-Aphorismen des Philosophen Eric Jarosinski beweisen.

4. Argument Die Debatte über technische Fortschritte offenbart ein uraltes **Generationenproblem**, in dem die **Angst vor Veränderungen** und vor der Entwertung des eigenen Lebensentwurfs dem Willen zum Aufstieg und der Lust am Neuen gegenübersteht. Es ist unwahrscheinlich, dass ein Medium, das über Jahrhunderte maßgeblich die menschliche Kultur bestimmt hat, ganz zugrunde geht. Dem Buch wohnen viele bisher unersetzliche Vorteile inne, v. a. die Tatsache, dass technische Speicherformate eine sehr kurze Halbwertszeit haben, während Bücher Jahrhunderte überdauern.

5. Argument mit Überleitung zum Fazit

Das **Lesen ist unauslöschlich mit der menschlichen Kultur verbunden**. Dem Mensch ist die Sehnsucht nach Geschichten eigen – diese Sehnsucht hat er auch bisher mit wechselnden Medien gestillt. Die Medien mögen sich wandeln, der Mensch jedoch nicht. Auch wenn nicht alle Menschen wie Passig Lesejunkies sind, wird das Lesen als zentrale Kulturkompetenz seine Bedeutung nicht verlieren.

Fazit, eigene Meinung

Es kann in der Debatte deshalb auch nicht um eine Entscheidungsfrage zwischen Büchern und digitalen Medien gehen, da beide nebeneinander existieren und genutzt werden können, so wie es das Leben gerade erfordert. Warum sollte man Bücher nicht je nach Situation analog oder digital lesen können? Es liegt aber in der Verantwortung aller Eltern, Erzieher und Lehrer, das Lesen selbst als bereichernde Beschäftigung vorzuleben, die Lesekompetenz von Kindern aufzubauen und Leseinteresse zu wecken, damit diese ihren Hunger nach Geschichten nicht nur mit Filmen und Online-Spielen stillen, sondern auch mit Literatur.

(Bitte blättern Sie um)